やさしく読む
参同契・宝鏡三昧

椎名宏雄

大法輪閣

はしがき

著者椎名宏雄老師が千葉県柏市のご自坊龍泉院にて、昭和四六年（一九七一）に参禅会を始められて以来四七年、その間、定例参禅会だけでも五六〇余回を数え、一回の休みも無く継続し今日に至りました。これは偏《ひとえ》に堂頭《どうちょう》椎名老師のご法愛と仏天のご加護に加え、参禅会員の乳水和合の賜物であります。

その間、会では五年毎の節目の周年行事として、講演会、眼蔵会《げんぞうえ》、在家得度式《ざいけとくど》、日本・中国の祖蹟巡拝などを行ない、弁道増進の一助といたして参りました。特筆すべきは、発足四〇周年記念事業として坐禅堂の建立を発願し、平成二四年に小規模ながら本格的坐禅堂が、会員諸氏の道念努力と有縁《うえん》の大勢の方々のご支援により、竣工円成いたしたことであります。

その発願の根本は、道元禅師がお示しの「自未得度先度他《じみとくどせんどた》」、すなわち、「己《おの》れが未《いま》だ度《わた》らぬ前に一切衆生を度そうと発願《ほつがん》し営《いと》なまん」の理念実現であります。またその理念の相続が、発足四五周年記念事業の一環としての本書の出版となりました。

平成二五年一二月、成道会《じょうどうえ》坐禅の時、堂頭老師は『参同契《さんどうかい》』末尾の「光陰虚しく度《わた》ること勿《なか》れ」を口宣《くせん》され感銘深いものがありました。終わってから一人の参禅会員から、「『参同契』とはどのようなものですか、その参考書は手に入りますか」、との質問を受け、些《いささ》か考えるところがありました。

禅門特に曹洞宗では、『参同契』『宝鏡三昧《ほうきょうざんまい》』は毎朝の仏祖諷経《ぶっそふぎん》のお経として読まれ、出家者で知らない方はいらっしゃらないのですが、しかし在家にあっては日常的に親しいとは言い難く、しかも中身は大変難しい。老師の言葉をお借りすれば、中国初期純禅の時代の素晴らしい二大偈頌《げじゅ》である『参同契』と『宝鏡三昧』を、深く味わうには如何に、そして入手可能な解説書はと、いろいろと考えあぐねて居りました。ところが何と灯台下暗し。堂頭老師は『大法輪』誌に『宝鏡三昧』を平成二〇年二月より五回、『参同契』を平成二一年四月より四回にわたり、本書と同じタイトルで連載しておられ、また平成二二年に著された著書『洞山《とうざん》』第五章―著述の風光―で、『宝鏡三昧』の現代語訳をされているではありませんか。そこで古参の方々と相談の上、四五周年記念出版として単行本に出来ないかとお願いいたしましたところご快諾を頂き、『大法輪』誌掲載本文に加筆頂くと共に、「漢詩と禅門偈頌」を新たに書き加え、更に老師の両偈頌に関する文献学の研究成果を後学に資するため「付録」といたし、茲《ここ》に上梓する運びとなりました。

本書は本文でいみじくも言っておられるように、ただ文字語句の解説だけではなく、『参同契』と『宝鏡三昧』を偈頌（漢詩）の作品として、その歴史的・思想的背景や必然性までも補うとの意図であります。また難しいものを易しく表現することは、万巻の書を読了しそれを参究血肉化した言葉であるからこそ、こころの琴線に触れる念《おも》いでありましょう。改めて堂頭老師には種々ご多用の中、我々参禅会に賜りましたご慈慮に、深く感謝申し上げる次第であります。

法を伝えることは大慈悲心であるとお聴きしております。禅宗の歴史の中で重んじられてきたこの二つの偈頌参究の一冊は、ささやかながら当参禅会における「自未得度先度他」の理念の具現化であります。願わくはこの一冊を受持される有縁の方々には、日常に読誦《どくじゅ》しつつ、なお深く味わう一助として頂くならば、誠に幸とする次第であります。

平成三〇年七月

龍泉院参禅会代表幹事　　小畑節朗　九拝

〈目　次〉

【やさしく読む『宝鏡三昧』】

装丁／山本太郎

漢詩と禅門偈頌

〈一〉はじめに

憶えば一九七九年三月、わたくしは初めて中国大陸の土を踏みました。

駒澤大学仏教学部の二大学術プロジェクトといえる、『禅学大辞典』三巻と『曹洞宗全書』三三巻の刊行が、奇しくも前年にあいついで完結したのを記念して、両編纂事業に携わった学究者たちによって組織された訪中団に、わたくしも加わったからでした。あたかも、戦後ようやく日中の国交正常化が成った時でもありました。

文字どおり、初めて見聞する大陸の風物は、みな珍しく新鮮だったことはいうまでもありません。中でも、とりわけ訪問先の寺院をはじめ、学校・工場・飯店《ホテル》などの機関や施設にあって、必ず見た漢詩の洪水に、わたくしは圧倒される思いでした。

接待所の中には名士による雄渾な大額、寺院の伽藍には必ず駢儷体《べんれいたい》の聯《れん》、景勝地には名士たちの題跋《だいばつ》の碑刻類を、それぞれまず目にしないところはありません。また、西安で鑑賞した雑劇では、歌舞に合わせて舞台の両袖に映し出される詩文、地方の各地白壁には訪問者による詩の署名や落書、それも小学生が立派な五絶や七絶の詩を書き、署名しているのには、思わず目を見張りました。ああ、この国の漢詩文化は国家体制などには関わりなく、悠久の時空を経て今に生きている、という感慨を新たにしたものです。

わたくしは昔、中学生のころ『西遊記』を楽しく読みましたが、一話の末尾にはみな漢詩がつけられていました。なぜこんなむつかしい漢詩が必要なのだろうと、当時は読みもしませんでしたが、これはその一話ごとを要詠した伝統ある重い文学的表詮であると知ったのは、ずっと年月を経過してからのことでした。

それはともかく、大陸人にとって古詩の鑑賞や作詩の教養などは、おそらくは日常茶飯事のことなのでしょう。考えてみますと、そうした背景には、小学生から詩作を学ぶ十何億の民と、漢詩の作者が数百名といわれる日本との、歴然たる国情の相違があったのです。ただ、日本の場合、詩歌という大きな枠組の中には、自由詩あり、短歌あり、俳句あり、むしろ形式的にも思想的にも多彩であり、豊富な詩文学の世界をもっていることに気づかされます。むしろ、日本人は漢字文化を摂取してカナ文字を創り出し、これを多方面に広げて豊かで独自な文字文化をつくったのですから、いまさら漢詩だけを問題にする必要もないでしょう。

それよりも、詩について考える場合、大切なのは発生の歴史や民族との関係であります。つまり、詩は世界に共通する民族文化の源流だという点ですね。いうまでもなく、古代ギリシャのホーマーやオデッセイ、インドのウパニシャッドをはじめとして、時代はかなりおくれますが日本の『万葉集』や記紀歌謡など、みなそれぞれ古い伝承をもつ民族の叙情詩であり、しかも歌謡であります。

中国の場合、それは『詩経《しきょう》』や『楚辞《そじ》』ということになりましょうか。とにかく、古い歴史をもつ国や民族には、必ず歌謡をともなった詩の伝統文化が存在しています。その理由といえば、詩は口調がよく、歌うことによって伝承されやすいという点につきるでしょう。歌のほうからいえば、節をつけて民族の純粋な感情をうたうには、覚えやすい詩のスタイルが最もふさわしく、自然に人から人に、親から子にと、代々語り伝え、イヤ、歌い伝えられて、いつしかその民族の間に定着していったのですね。

花の美しさに感じ、月の夜空にこころが動くのは、人間の自然な感情であります。これを言語に託して表現するところに、詩がつくられ歌が生まれます。こうして、人が生きるところには、必ず歌があります。このように、詩と歌はもともと密接不離の関係にありました。ですから、よいメロディとよい歌詞の関係もまた同じ。どちらが劣っていても、よい歌謡にはなりません。現代の作詞者と作曲家を見ても、それぞれ独立しながら、または同一の場合もありますが、右のような関係はまったく同じです。詩吟の世界でも、達人は自分で漢詩をつくるといわれています。

今、わたくしは日本人の漢詩作者が数百名などといいましたが、これは、じつは正式に漢詩を習得している会員さんの概数であります。実際には、独自に学習している方もいますし、また、漢詩の応用や派生ともいうべき〝偈頌《げじゅ》〟や〝香語《こうご》〟や〝疏《しょ》〟などのたぐいは、仏教界、とりわけ禅門では日常茶飯的につくられていますから、そうした作者（おもに僧職）の方々も含めると、おそらく日本でも何万人もの人が漢詩文化に携わっていることでしょう。正直なところ、わたくしもその中の一人でありまして、いつも怪しげな作品？　をつくっています。

なぜ怪しげかといえば、たとえば〝引導香語《いんどうこうご》〟の場合、首部の五絶や七絶による「頌《じゅ》」と呼ばれる部分は、季節や故人の職業などの別によるサンプル的な〝虎の巻〟が、昔からたくさん刊行されています。ですから、次の「腹《はら》」と呼ばれる中間部分だけを、故人の経歴や性格や趣味などの個性によって韻文と散文を適宜にアレンジして口調《くちょう》よくつくれば、ことたりるからであります。末尾の「脚句《きゃっく》」と呼ばれる部分（ほぼ七言二句）は、先人による秀作を借用すればよく、これはまたいくらでも〝虎の巻〟があるのです。全般に韻はふんでもふまなくても、作者が一般僧の場合はあまり問題にされません。それよりも「腹」部分の内容が重視されるからです。また、「疏《しょ》」はまれにしかつくりませんが、これも〝虎の巻〟が参照可能です。要するに、こうした香語や疏づくりまで含めると、漢詩の応用者は日本でも相当の多数にのぼるわけであります。

また一方では、漢詩がつくれなければ禅門の先人たちの遺した精華ともいうべき語録や偈頌などのうま味は分からない、といわれています。なぜならば、中国以来の禅宗では、のちにも述べますように、「示衆《じしゅ》」とか「拈古《ねんこ》」とか「偈頌《げじゅ》」などの作品が、それこそ絢爛《けんらん》たる韻文によって、不立文字《ふりゅうもんじ》・教外別伝《きょうげべつでん》の宗旨を表誇しています。唐代の語録や偈頌は、まだ比較的素朴なのですが、宋代以後の作品になりますと、禅門では五家七宗《ごけしちしゅう》と呼ばれる宗旨の多彩化や文体の技巧化があいまって、大変高度の文学作品となっているのです。

そうしますと、語録の解読や偈頌の鑑賞のためには、必然的に作文や作詩に長《た》け、道眼を持ち、詩心に徹した者でないと、なかなか容易ではありません。ですから、わたくしのようにろくに漢詩もつくれない者が、宋代以後の語録を正しく読めないのは当然といえます。ましてや、漢詩や漢文に縁の薄い日本の一般人は、かなりの知識人でさえも、白文の禅宗語録を解説することなどは到底不可能なわけであります。もっとも、むつかしいことに挑戦するのは、また一面たのしみでもありますね。イヤ、これは筆者の主観であるかもしれませんが。

わたくしは今、この冊子の中で、禅宗の歴史とともに重んじられてきた『参同契《さんどうかい》』と『宝鏡《ほうきょう》三昧《ざんまい》』という二つの偈頌（漢詩）をとりあげ、やさしく読んでまいります。そこで、その背景として中国の詩の歴史はもちろん、時代的にはこれらの両作品が生み出された、唐代の詩界の状況とその意味、詩人たちと禅界や偈頌との交流や評価などについて、以下に概説してみたいと思います。そして、次に偈頌の歴史とその思想的展開や特質などにふれます。こんな作業は、両作品が生まれた必然性や立場が理解され、その総合的な解明のたすけとなればと思うからであります。

ご承知のように、両作品の解説書は歴史的に汗牛充棟《かんぎゅうじゅうとう》の感があるほど、たくさんつくられています。ですが、それらの大半は文字語句の解説であって、前述のような歴史的、または思想的背景や必然性などにふれているものは、これまで暁天の星のようです。そこで、本書ではこんな方面を少しでも補うことができれば、とてもうれしいと思います。

〈二〉漢詩の歴史と発展

広大な大陸と三千年という文明の歴史をもつ中国にあって、詩はいったいどんな歴史をもっているのでしょうか。

詩というジャンルが生まれてくる源泉をたずねますと、どうしてもまず『詩経《しきょう》』にふれなければなりません。だいたい、大陸で「経」のついた文献といえば、『易経《えききょう》』『書経《しょきょう》』『礼経《れいけい》』などのように、文化や学問などの分野で最も基本となる古典ですから、それだけ大きな権威をもっています。『詩経』も、古くから漢詩の聖典とされてきた伝統と権威が与えられています。『詩経』は、大陸最古の詩集でして、全部で三〇五篇から成っています。その編集者こそは、かの孔子（BC五五二〜BC四七九）といわれています。孔子は、有史以後の古詩を何千首も集めて、その中の三〇五篇をまとめたとされ、これを門弟たちに学問のテキストとして用いたというのですから驚きですね。これらの詩（歌謡）は、BC一一〇〇年ごろの西周時代の作品から、BC六〇〇年ごろの東周時代の作品で、地域的には主として北方で発生し、中原で漢民族の文化として発達したものといわれます。内容は、朝廷の祭礼や饗宴の際に演奏された歌や、地方の歌謡などが含まれていますが、内容はみな素朴で純心な特徴をもっています。

形式の上では、原則的に一句が四言、つまり四文字が基本です。四言という形式は、漢字の文体では素朴な原始的リズムをつくり出すからです。今、『詩経』の最初に収められる「関雎《かんしょ》」というタイトルの詩の、冒頭四行を実例としてあげてみましょう。参考までに発音と和文の訓読をつけました。

関関雎鳩　guān guān jū jiū　関関《かんかん》たる雎鳩《しょきゅう》は
在河之洲　zài hé zhī zhōu　河《かわ》の洲《す》に在《あ》り
窈窕淑女　yǎo tiǎo shū nǚ　窈窕《ようちょう》たる淑《よ》き女《むすめ》は

君子好逑　jūn zǐ hǎo qiú　君子《くんし》の好《よ》き逑《つれあい》

右の詩を口語訳しますと、「カアカアと鳴くミサゴ（鳥）が、黄河の中洲《なかす》にいる。ものしずかなよい娘は、立派な方《かた》のよいつれあいだ」となりましょうか。周王朝の基礎をつくった文王姫昌《きしょう》と、その妻太姒《たいじ》とをたたえる歌で、領主の幸せな結婚を祈る際に歌われたといわれます。よく見ますと、鳩・洲・逑の三文字は同母音の語で、みごとに「脚韻《きゃくいん》」をふんでいるほか、中洲で仲よく呼び交わすミサゴのつがいという自然現象をまず歌いおこし、それが淑《よ》い娘は君《よ》い子《おのこ》のよき逑《つれあい》たるべき比喩となっていることです。このように、自然と人間との間の微妙な交響を意識的につくり出し、これが同母音の語によってとてもリズミカルな詩になっているのです。

さらに、二字や四字から成る連語のつみかさねや、同じ主題のくり返しが頻繁になされるなど、『詩経』は素朴な中にも技法的な要素が見られるのです。これは、節をつけて歌う歌謡という性質から、自然につちかわれた特徴といってよいでしょう。そして、これらの特徴は、のちの定型的な詩の展開に大きな影響をおよぼしたのです。

北方の黄河流域地方に栄えた周王朝の文化『詩経』と、そののち三〇〇年ほどして、南方の長江流域地方、楚の国でつくられた『楚辞《そじ》』は、ともに中国古代文学の精華とされています。『楚辞』は、戦国時代に楚国の王族に生まれ、悲劇的最期をとげる主人公としてよく知られる屈原《くつげん》（BC三四八～BC二七八）の作と伝えられる詩が中心です。編集者は前漢の末期の劉向《りゅうきょう》であり、屈原など七家《しちけ》の作品を集めて一六巻としましたが、後漢《ごかん》の王逸は、これに自作の詩を加えて一七巻とし、両系統のテキストが伝えられています。ですから、後半には漢代の作品も含まれているのです。

『楚辞』の内容は、大陸南方の神話伝説が豊かな地方で成立した古代浪漫精神という特色をもっています。つまり、楚国の民間で節をつけて歌われていた「楚声楚歌」といわれるものが多く、叙事詩と叙情詩が混在しています。詩の形式としては、『詩経』にくらべて多彩な長句（五言・六言・七言）をつくり、リズムも偶数拍と奇数拍を混《ま》ぜてこころの内面的な苦悩をうったえるなど、形式・内容ともに豊かになり、あきらかに表現力が進歩しています。

今、屈原の作品とされる「天問《てんもん》」という長篇の詩について、首部の一二句だけを引用してみましょう。意訳も加えました。

曰遂古之初　　さても太古の初めのことは
誰伝道之　　誰が世々に言い伝えたのか
上下未形　　天地のまだ分かれぬ時を
何由考之　　どうして考えることができたのか

冥昭瞢闇　　昼夜も分かれぬ薄暗い時
誰能極之　　誰がこれを見極めたのか
馮翼惟象　　ただ気が満ちて形のない時
何以識之　　どうしてその形を見分けることができたのか
明明闇闇　　明《めい》と暗《あん》とが分かれたのは
惟時何為　　これはいったい誰のしわざか
陰陽三合　　陰気と陽気が参《まじ》わって万物《ばんぶつ》が生ずる時
何本何化　　何が本《もと》で何が変化をさせるのか

こんな調子で長く続きますが、つまりこの詩は、疑問のかたちで神話伝説を述べたものといわれ、中国古代の宗教思想を知るためには貴重資料の一つとされています。形の上でも、全体的に一定の格式にとらわれず、のびのびとした楚歌の特色が見られます。

わたくしたちは、「四面楚歌《しめんそか》」という言葉を知っています。まわりがみな敵で応援がないことですね。この言葉の典拠は、楚国の項羽《こうう》が漢軍に包囲された時、漢軍が楚歌を歌うのを聞いて、楚の民衆が漢に降参したものと思って驚いたというお話で、司馬遷《しばせん》の『史記』に出てくる故事です。でも、それほど楚歌は民衆の間で広く歌われた愛謡だったのですね。

こうした『楚辞』のかたちや内容は、やがて漢代（BC二〇六〜AD二二〇）になると、「賦《ふ》」と呼ばれる形体となっていっそう栄えることになります。「賦」は半詩半文といわれるほど、詩でありながら散文にちかいかたちをとり、またこころの内面的な思いをうたうという思想性をもつのが特徴であります。また一方で、誇張的な表現や大仰な表詮なども好んで用いられたところから、「漢大賦」とも呼ばれています。

だいたい、漢代の賦は装飾性が強く、一種の宮廷文学でありましたが、時代とともにそれは貴族たちの文芸へと展開していきました。ですが、それが内容的にも形式的にも官僚や一般庶民のものになってゆくのは、のちの唐代をまたねばなりませんでした。

いま一つ、漢代に成った『楽府志《がふし》』にふれないわけにはいきません。これは、前漢の武帝（BC一四一〜AD八七位）の時におかれた〝楽府《がふ》〟という音楽を司る役所でつくられたり集められたりしたもので、詩の古典作品として知られます。先の「漢大賦」とともに、いわばメロディーつきの歌詩でして、散文にちかい詩作ですから、形式の上からは言句の用法などはさまざまで定型がありません。そこで専門家からは〝雑言体〟の詩などともいわれています。

ところが、時代が進んで後漢《ごかん》時代になりますと、これらの歌謡の中から五言のかたちが詩として独立し、また狭義ながら、初めて後代の「詩」と呼ばれる形式の作品がつくられました。重要なことは、こうした形式の成立が官制ではなく、民間から発生したところに意義があります。「五言体《ごごんたい》」は独立した叙事詩の萌芽であって、詩らしい詩といえます。思えば、永い歴史をもつ大陸の歌謡のための歌詞から、歌をはなれて、詩の部分だけが文学の一ジャンルとして独立したのは、中国文学史上、画期的なできごとでした。

五言詩の初めのころを代表する詩人は、魏《ぎ》国の曹植《そうしょく》（一九二〜二三二）といわれます。曹植は『三国志』で知られる曹操《そうそう》の子であり、後漢から三国時代への転換期に、政界の重鎮と「建安《けんあん》文学」と呼ばれる詩界の中心にあって、それぞれ活躍した異色の人物でした。この詩界の人びとは、多く抒情を主とした自作の五言詩に名前を署名し、文学作品としての位置づけをしています。また、この時代には七言詩も萌芽していますが、いずれも古くからの民歌のもつ抒情性を受けながら、漢代の「賦」に見られる思索的な要素もとり入れて、詩に新鮮な息吹きを与えています。

一方、形式的な方面では、五言詩の中に対句《ついく》を入れたり音調を整えたりして、技巧的にも発達しています。南北朝時代の陶淵明《とうえんめい》（三六五〜四二七）や謝礼運《しゃれいうん》（三八五〜四三三）などの著名な詩人たちは、そうした傾向の人びとです。かれらの詩は、自然の風景と心情のアヤも巧みに対比したり比喩を用いたりして、定型詩の中に技巧を加えているのが特徴とされています。

魏《ぎ》・晋《しん》・南北朝時代を経て隋《ずい》にいたる四〇〇年間は、後漢の末期に出現した近体詩といわれる五言詩の潮流が急成長し、ほぼ完成をみた時代でした。近体詩というのは、ただの五言詩ではなく、「四声《しせい》」という発音上の声調が導入され、また風景と心情を折り込む技巧をともなう詩作類の呼称であります。

風景といえば、南北朝時代の詩作には、おおむね大きな特徴が見られます。それは、〝南船北馬〟といわれるように、地理的風土的な背景による必然的な傾向です。北魏の作品には雄健さ、つまりすぐれて力強さがあり、南朝の作品には綺美《きび》と表現される、はなやかな美しさが感じられるのです。広莫たる草原の大地が生んだ作品と、水や花に代表されるうるわしい風物がもたらすやわらかな詩作、という対照ですね。こんな対照こそ見られるものの、この時代の詩作は、それまでの民歌的な詩から唐代の絶句という近体詩に発展する、大陸の文学史上で重要な時代だったのです。

ところで、前漢の末期頃インドから伝来した仏教は、そののち長期にわたって仏典の翻訳が続けられます。それら個々の漢訳仏典の中には、多くの偈頌が含まれています。形態的にはほとんど五言ですが、四言や七言もあります。これらの詩型は、それぞれの仏典が訳出された時代の詩型とリンクしているのではないでしょうか。従来あまり注意されていないようですが、これは重要な視点だとわたくしは思っています。

〈三〉唐詩の特色

文学というジャンルの上からみると、唐代は完全に詩の時代でした。この時代は、ただ詩が文学的に隆盛しただけではなく、政治・外交・経済・社会・学問・芸術をはじめ、文化全般から庶民生活にいたるまで、詩は絶大な影響を与えた時代でした。

なぜ、唐代には詩がそんなに隆昌したのでしょうか。その原因の第一には、科挙《かきょ》の制度が改められたからといわれます。

「科挙」とは、中国で行なわれた官吏の採用試験であって、隋代から始められました。いうまでもなく、科挙の試験の合否こそは、生涯の運命を決定させる重大な岐路でありました。初めは文学的なテストでしたが、初唐時代からは「賦」が加わり、盛唐時代初めの玄宗皇帝の時からは、「詩」が必須科目となります。

これは、唐代の天子たちがみな詩を愛好したところから、宮廷では詩の教養が必須となり、詩による応接や交流の慣習が高まって、必然的に文官たちの間に詩作の隆昌をうながしました。それが、科挙の試験にも大きな影響をおよぼしたのです。こうして、いつしか詩に堪能な唐の官吏たちは、一種の特権階級となりました。

詩が栄えた第二の原因は、大唐帝国の政治や文化交流が、以前よりいちじるしく拡大したことの影響です。広大な国土の治安や経営には、国威発揚も加わって多くの高官が遠方に派遣され、外交には詩が大きな役割を果しました。ただし、遠国への派遣といっても、砂漠の果てや高山地帯などの国防には、必ず故郷との離別や悲壮がともない、政変による辺境や島部への左遷《させん》や流貶《りゅうへん》は、いっそうの悲哀であります。こうした実情は、こんにちその地を踏んだだけでは、とうてい想像もつかぬ唐代のありさまが、唐詩の中にはたくさんのこされているのです。

国際都市といわれた長安の都が盛えた盛唐時代は、外国文化の移入や文物の摂取が旺勢になされ、国際的に文化の交流が空前の状態でした。たとえば、西域諸国、特にクチャ国からは「胡《こ》楽《がく》」といわれる歌曲が流入し、これに宮廷詩人たちが饗応遊宴のための詩を多作し、これが一般庶民の間にも流行したといわれます。一方、辺境の民歌は左遷された詩人によってとりあげられ、それらを歌う詩もさかんにつくられました。左遷の詩人たちはまた、悲壮で深刻なおのれの立場をうたった、切実で真情あふれた名詩も多くのこしています。

清代の康熙《こうき》四六年（一七〇七）、唐代三〇〇年間の詩を集めた一大叢書、『全唐詩』九〇〇巻が編集し刊行されました。そこには、なんと二二〇〇人あまりの作品四九〇〇〇首ほどが収められ、唐詩の隆盛したさまを今に伝えています。以下、時代を追って、それらの具体的な特色を中心に述べてみたいと思います。

漢詩の世界では、ふつう唐代三〇〇年を四期に分けています。唐詩の文化的比重の高さを物語るものでありましょう。その年代区分は、学説によって少しのズレはありますが、おおむね次のようになっています。

一、初唐期　六一八年～七一二年
二、盛唐期　七一三年～七六五年
三、中唐期　七六六年～八二六年
四、晩唐期　八二七年～九〇五年

なお、盛唐の末期には九年間におよぶ安禄山《あんろくざん》の大乱がありました。これを境として、上流階級中心の遊興的・享楽的詩作から、写実的で誠実な詩作へと、大きく変化することになります。これが唐詩の全体的な特徴です。

まず、初唐期は文学を愛好した太宗《たいそう》じしん、詩もまた巧みでした。その臣下には、詩才として名高い長孫無忌《ちょうそんむき》・褚遂良《ちょすいりょう》・王績《おうせき》などがいましたが、まだ五言のスタイルが主役でした。でも、五言も七言も、律詩のスタイルはこの時代に完成をみた、といわれます。

次の盛唐期は、唐朝が最も栄えた時期でした。たびたび、催された宮中の盛儀や宴席には、必ず朝臣たちが競って詩を賦したといわれます。これを反映して多数のすぐれた詩人が輩出しましたが、中でも李白《りはく》と杜甫《とほ》が傑出しています。

時代的には、太宗時代の宰相、上官儀《じょうかんぎ》（上官が姓で儀が名）が早期の名士でした。かれはやさしく美しい作品をつくり、対句の名称を定めています。また、詩文の天才といわれながら不慮の死をとげた王勃《おうぼつ》も名詩を遺しました。かたちの上からは、五言・七言・絶句・律詩を問わず、前代の六朝時代に発達した古体的な修辞法がさかんに用いられています。

則天武后《そくてんぶこう》（六九〇〜七〇五在位）のころ、詩文の才に長けた杜審言《としんげん》は、特に五言律詩の典型をつくりあげました。また、著名な王維《おうい》や孟浩然《もうこうぜん》は、自然の風景、特に山水の美を好み、そこに閑寂のおもむきを多くの詩に託し、世に「自然派」の詩人と呼ばれました。浩然の「春暁《しゅんぎょう》」と題する五絶は、最も有名です。

　春眠不覚暁　　春眠、暁《あかつき》を覚えず、
　処処聞啼鳥　　処処《しょしょ》、啼《な》く鳥を聞く。
　夜来風雨声　　夜来《やらい》、風雨の声、

花落知多少　　花落つることを知る多少《いくばく》ぞ。

自然派の詩人たちに対して、中央からの辺境に派遣された岑参《しんしん》や高適《こうせき》などは、その置かれた厳しい環境にもめげず、意志の強さを活動的に詠じた作品類に注目されます。かれらは絶句や律詩だけでなく、古詩調の七言詩も詠《うた》っています。

有名な李白（七〇一～七六二）は豊富な紹介文献がありますので、多言は不要でしょう。要点だけをいいますと、かれは道教思想を背景に神仙を理想とし、現実には花を愛《め》で酒を好む明朗で快楽の詩人でした。作品は多彩かつ豊かで、作風は自由奔放。それにふさわしい古詩（楽府）や絶句を得意としました。

杜甫（七一二～七七〇）は、李白とは対照的な詩人でした。かれは前述の杜審言の孫であり、李白とは親交の関係にありました。律詩や長編の古詩に長じ、細心で精緻な内容を折りこんでいます。作風は、多くうれいに沈んだ暗さがただよっていますが、それは自身の貧苦な境遇から見た民衆の苦悩が作品に投影されたからでしょう。

安禄山《あんろくざん》の大乱により長安城が陥《お》ち、二年後の至徳二年（七五七）、禄山が実子に誅《ちゅう》された時、杜甫は家族と離れた城中にあって、かの「春望《しゅんぼう》」という題の五律名詩を生みます。

国●破●山○河○在●
城○春○草●木●深◎
感●時○花○濺●涙●
恨●別●鳥●驚○心◎
烽○火●連○三○月●
家○書○抵●萬●金◎
白●頭○掻○更●短●
渾○欲●不●勝○簪◎

国破れて山河あり、
城春にして草木深し。
時に感じて花にも涙を濺《そそ》ぎ、
別れを恨んで鳥にもこころを驚かす。
烽火《ほうか》、三月に連なり、
家書、萬金に抵《あた》る。
白頭掻《か》けば更に短かく、
渾《す》べて簪《しん》に勝《た》えざらんと欲《す》。

文字の横につけた記号は近体詩の「平仄《ひょうそく》」で、平声は○、仄声は●、押韻《おういん》は◎で示しました。
近体詩の詩句は、こうした一定の規則と押韻が定められていますが、杜甫はこの決まりを厳密に守る詩人でした。「春望」の詩は五言律詩ですが、初句と二句、三句と四句、五句と六句、の三か所が対句で美しい連なりをし、深い詩趣をかもしています。

このように、盛唐期の詩の特徴は、五言や七言の定型が絶句・律詩ともに定まったことと、反対に破格の古詩がつくられたことです。この時代の古詩は、対句を用いず、韻律の規格も無視し、句の長さも不ぞろいにするなど、いわば近代の自由詩的な作品が始まったことに注意しなければなりません。

安禄山の乱以後の中唐期は、前代の王維に代表される自然歌詠といわれる傾向が中心の詩界となってゆきます。ただ、前代の詩人たちは、多くは北方の河南《かなん》地方の居住でしたが、中唐からはそれが江南《こうなん》方面へと移りました。江南の地は、このころ禅宗が栄え、禅者の詩作も多かったために、禅者と詩人との間には詩を通じて交流が生まれました。そうした詩人には、劉長卿《りゅうちょうけい》や韋《い》王物《おうぶつ》などが有名です。

このころの詩で、日本で特に知られている作品といえば、張継《ちょうけい》の「楓橋夜泊《ふうきょうやはく》」ですね。

月落烏啼霜満天　　月落ち烏《からす》啼《な》いて、霜《しも》天に満つ、
江楓漁火対愁眠　　江楓漁火《こうふうぎょか》、愁眠に対す。

姑蘇城外寒山寺　姑蘇《こそ》城外の寒山寺《かんざんじ》、
夜半鐘声到客船　夜半《やはん》の鐘声、客船《かくせん》に到る。

この詩の解説には諸説がありますが、張継が蘇州《そしゅう》の川船に夜泊した時の、夢かうつつかの境地を詠ったとみてよいでしょう。

中唐期を代表する詩人といえば、なんといっても韓愈《かんゆ》と白居易《はっきょい》です。韓愈（字《あざな》は退之《たいし》）は古文の復興をはかり、また大勢で詩の唱和をする「聯句《れんく》」を始めた人ですが、その詩風はけわしい山路をのぼるようだ、と評されています。一方の白居易（字は楽天《らくてん》）は古い時代の楽府を蘇らせ「新楽府《しんがふ》」をつくった詩人であり、その詩風はごく平易でなだらかでした。このように、両者は詩風こそ対照的ですが、ともに詩界の功労者であり、当時の詩人たちは両者のもとに二派に分かれ、詩作と学問に精進したといわれます。

晩唐期の詩壇は、唐王朝の衰退とともに、また衰えを示しています。わずかに、杜牧《とぼく》や李商隠《りしょういん》が精彩を放っていますが、すでに現実の空気に倦《う》んだ空想的作品などが多いのは、この時代の反映でした。その中で、司空図《しくうと》は詩作だけでなく、詩の型体に論及した学者として名をのこしています。

先の杜牧は高級官吏でしたが、詩文に長じ、杜甫に対して〝小杜《しょうと》〟と呼ばれた人。その詩風は豪放な中に甘美な絶句を得意としました。七絶「江南春」は、中日を通じて特に有名です。

千里鶯啼緑映紅　　千里鶯啼《な》いて緑紅に映ず、
水村山郭酒旗風　　水村山郭、酒旗の風。
南朝四百八十寺　　南朝、四百八十寺《しん》、
多少楼台煙雨中　　多少《おおく》の楼台、煙雨の中《うち》。

唐詩のさいごに、唐代末期の九世紀に創《はじ》められた「詞《つ》」について一言しておきましょう。「詞」とは「詩余」ともいわれ、新しい韻文の形式であり、五代から宋代には大いに流行しました。温庭筠《おんていいん》という詩人によって整えられ、南唐国第三代の君主、李煜《りいく》が多くの名作を生み、そののち大変流行したのです。

「詞」のかたちは詩の変体というべきもので、長句と短句を不ぞろいに用いて変化をつけています。もともと「曲子詞《きょくしし》」といわれた民間歌謡の歌詞ですから、ちょうど日本の端唄《はうた》や小歌《こうた》などの俗謡と似ています。ただ、中国では三味線ではなく、琴を用いて演奏したといわれます。「詞」は元代になると一時的に衰微し、清代になってまた盛んになりました。

さて、唐代には今体詩の型式が定まりましたが、これまでに紹介した詩の種類を、ここにまとめて一覧しておきましょう。

なお、下のほかにも、ごくまれに「六言絶句」もあります。また、すべての文字は四声《しせい》（平・上・去・入）のいずれかに属しますが、「平声《ひょうせい》」以外の三つは、まとめて「仄声《そくせい》」と呼ばれます。今体詩では、五言や七言の別ごとに、この両声の文字の組み合わせが定められています。先に、○と●をつけて示したのが、この決まりです。その上、「押韻《おういん》」のルールがあります。これは、句の末尾の

詩			（一句の字数）	（句数）	（平仄）
古体詩	古詩	四言	四字	不定	不定
古体詩	古詩	五言	五字	〃	〃
古体詩	古詩	七言	七字	〃	〃
古体詩	楽府（歌行）	雑言	不定	〃	〃
古体詩	楽府（歌行）	七言	七字	〃	〃
今体詩	律詩	五言律詩	五字	八句	一定
今体詩	律詩	七言律詩	七字	八句	〃
今体詩	律詩	五言排律	五字	十句以上	〃
今体詩	律詩	七言排律	七字	十句以上	〃
今体詩	絶句	五言	五字	四句	〃
今体詩	絶句	七言	七字	四句	〃

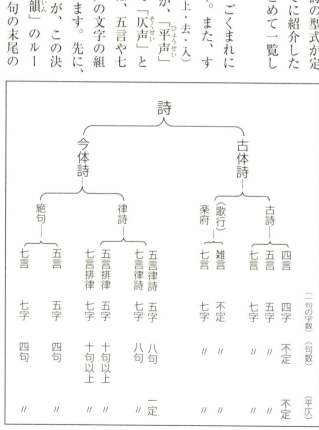

文字に同じひびきの音《おん》を置くことで、これを「韻をふむ」といいます。そのほかにも細かなルールは少なからずありますが、省略します。

また、日本では漢詩のルールといえば、まず「起《き》・承《しょう》・転《てん》・結《けつ》」が大切だといい、これが文章や講演などの修辞法、物事の順序や作法にも応用されています。ところが、漢詩のほうでの決まりは意外にも元代以後の成立ですから、今、唐詩の場合には問題としません。

なお、すべての文字の平仄や音韻については、漢字学習のための「漢字辞典」に載っていますし、漢詩の作詩法についても多くの参考書がありますので、ここではそれらにゆずります。ただ、こうした精緻な作詩法の大半は唐代に完成し、すでに千二、三百年あまりの歴史を経て、東洋の漢字文化の上に大きな伝統を築いていることを、私たちは忘れてはならないでしょう。

〈四〉唐代の禅門偈頌

ここでは、唐詩と同様、唐代に大いに発展した禅門偈頌について、そのおおよその歴史や類別などをご紹介しましょう。

まず、偈頌の語源について述べます。インドでは、古代から詩を意味する語はガーター（gāthā）

ですが、中国ではこれを漢訳して「伽陀」と書き、その意訳を「偈頌」としたのです。なぜ〝頌〟の文字を用いたかといえば、〝頌〟は前述の『詩経』にいう六義《りくぎ》の一つであって、聖王の徳を讃える詩のことでした。そこで、これを仏徳を讃えるガーターの訳語に用いたのです。ちなみに、インドでは悟りの体験や修道の楽しみを詠った『長老偈《ちょうろうげ》』(テーラガーター)や『長老尼《ちょうろうに》偈《げ》』(テーリーガーター)などが有名です。要するに、「偈頌」という呼称はすばらしいのですね。

そのすばらしい言葉を、禅門で禅僧の詩を統一的に「偈頌」と呼ぶようになるのは、意外におそく、唐末ごろとみられます。唐代末期ごろは、禅宗五家《ごけ》と呼ばれる、宗風の違いによる分派が成立し、大きく発展してゆく時期でした。つまり、禅宗は不立文字《ふりゅうもんじ》・教外別伝《きょうげべつでん》のスローガンのもとに、悟りの宗派として大陸全土に市民権をえて定着してゆきますが、その宗旨を端的に言葉で表詮するために、偈頌は格好の手段だったのです。

重要なことは、禅門の偈頌は、唐詩のきまりである平仄や押韻などの大切なルールが、あまり守られていません。むしろ、そうした定型を無視した自由奔放なかたちをとる作品の多いのが、大きな特徴といえましょう。なぜなのでしょうか。それは、禅者が悟境や訓誡などの深いこころの内容を、できるだけ端的に相手に体得させるため、自在かつ簡潔に表現しようとする立場から、必然的に成立した結果とみてよいでしょう。つまり、偈頌は作詩ではなく、詩のかたちを借りた言語表現だったのです。

具体的にいえば、おそらく一対一の真剣勝負である禅問答が大いに影響したものと、わたくしは考えています。学生の問いに対して、師によるギラリと核心をついた素早い答えの言葉ほど、問者にとって教育的効果はありません。

かの有名な馬祖道一《ばそどういつ》（七〇九～七八八）は、某僧からの〝仏〟と〝道〟の問いに対して、それぞれ「即心是仏」と「無心是道」と答え、さらに僧の「仏と道と相い去ること多少《どれほど》ぞ？」の再問に対して、「仏如展手、道如握拳」と四言二句の偈で答えています。また馬祖は、門人たちへの説法に「見色見心」の道理を教え、さいごにわしの偈を聞けと念を押して、「心地随時説、菩薩亦只寧《かくのごとく》、事理倶無礙、当生即不生」と説いています。このように、説法プラス偈頌の形式は、あたかも経典の長行《じょうごう》プラス偈文《げもん》のかたちと基本的に同じであり、しかも禅者の偈頌は短いだけに、ズバリと核心を突く特色があります。右の偈は五絶のかたちですが、平仄や押韻のルールにはあてはまりません。問答の場合、ルールなどの余念をさしはさまず、間髪を入れない答えの仕方は、わたくしたちの日常生活の上でも威力を発揮しますね。

禅門偈頌の発生や展開は、おおむねこのようでありますが、注意しておきたいことは、偈頌はまた「詩偈」とも呼ばれますが、唐詩は偈や頌とは一線を画しています。ちなみに現代日本では、禅宗系の大学や民間の講座で「詩偈」を開講していますが、これは「漢詩」と「偈頌」を総称した表現のようです。漢語には見あたらず、どうやらわが近世ごろから依用された和語のようであります。それはともかく、禅僧は古今東西を問わず漢詩をつくりますが、唐詩の作品はけっして偈頌や詩偈とはいわれません。

そして、それは僧俗による呼称ではないのです。だいたい、大陸では古くから大士《だいし》や隠士《いんし》・開士《かいし》などと呼ばれる人びとがいて、特定の宗教や教団などには属さず、山居《さんご》や遊行《ゆぎょう》をしながらすぐれた詩歌をのこしています。唐代では王梵志や寒山《かんざん》・拾得《じっとく》などがその典型ですが、これらの詩は同時代の詩人たちからは評価されていません。しかし、かれらの作品がたくさん伝来し、特に『寒山詩』などは宋代以後おびただしい刊行がなされているのは、何といってもその作品が一般民衆には愛好され支持されてきたことの証拠ですね。

ですが、これらの作品の多くは偈頌のように破格であり、唐詩のかたちからは異端なのです。にもかかわらず、かれらの作品はみな「詩」と呼ばれているのです。禅門の場合でも、れっきとした馬祖の法嗣《はっす》である龐蘊居士《ほうおんこじ》には多くの偈頌作品がのこされています。ほぼ五言か七言の長詩ですが、みな破格であるにもかかわらず、「詩」と名づけられています。このようにみますと、唐代の詩と偈頌の区分は整然としたものではなく、僧俗の別やかたちの違いを加味しながら、便宜的に慣用される大らかなものであったと理解してよいでしょう。

こんな問題はきりがないのですが、寒山の分身といわれる拾得に、おもしろい詩がありますので紹介しておきましょう。

我詩也是詩　我が詩も也《ま》た是れ詩なるに、
有人喚作偈　人ありて喚《よ》んで偈と作す。
詩偈総一般　詩も偈も総《すべ》て一般《おなじ》もの、
読時須子細　読む時、須《すべか》らく子細《ちゅうい》すべし。

詩も偈も本来は同じだが、偈には詩にないものが含まれているのだ、と主張しているのでしょう。わが良寛さんは、拾得の詩を逆手《さかて》にとって、

孰謂我詩詩　孰《たれ》か我が詩を詩と謂《い》う、
我詩是非詩　我が詩は是れ詩に非ず。
知我詩非詩　我が詩の詩に非ざるを知れば、
始可与言詩　始めて与《とも》に詩を言《かた》るべし。

と、「私の詩は通常の詩とはちがいますぞ」と、馬耳東風です。良寛詩は、正規なかたちの秀作が多いのです。

こうしてみますと、詩であれ偈頌であれ、かたちよりも誠実な心情が吐露され、深い内容のこめられているのが韻文の眼目とみるべきでありましょう。

次に、禅門偈頌の展開について、歴史的方面の概説をいたしましょう。

禅門偈頌の発生を、南北朝時代の宝誌《ほうし》や傅大士《ふだいし》に求める説があります。なるほど、宝誌（四一九～五一四）は梁《りょう》国武帝《ぶてい》の帰依を受け、『大乗讃』二四首を献上したとされ、そのほか『十二時讃』や『十四科頌』の作品もあります。また、傅大士（四九七～五六九）は八角型の経蔵《きょうぞう》を考案したことから、のちには輪蔵《りんぞう》の本尊に祀られる在家の居士。この人には四言の『心王録《しんのうろく》』や『行路難《こうろなん》』三〇篇など、多くの偈頌がたしかに知られています。ただ、これらの作品には禅的な要素も豊かですが、どうも唐代の禅宗成立以後の思想まで含まれていて、文献的には問題があるのです。

かれらの思想も、なるほど禅宗思想の成立に影響を与えた点もありましょうが、禅宗は多くの経典や論書、および祖師たちの実践や言動などによって思想内容を構築したのです。そんな過程では、古い偈頌を用いて盛唐期の南宗禅的な作品に改作することもありました。たとえば、敦煌《とんこう》出土の偈頌で作者未詳の『息心銘』は、道教的な色彩を払拭して南宗的作品の『絶学箴《しん》』へと変容しています。禅門偈頌の作品で同様な例としては、六祖慧能《えのう》の法嗣とされる永嘉玄覚《ようかげんかく》（七一三寂）の『証道歌』が、じつは『禅門秘要訣《ひようけつ》』の大巾修正本であったり、馬祖―百丈《ひゃくじょう》―潙山《いさん》と法系を継いだ潙山霊祐《いさんれいゆう》の『潙山警策《きょうさく》』は、これも『大潙警策』の修訂であることなどが指摘されています。これらは、いずれも敦煌から出土した唐代から五代にかけての古い筆写本によって判明したものです。敦煌出土文献には、こんな禅宗の偈頌作品がたくさん含まれているのです。

先に見た馬祖の例によって、禅門偈頌の発生源を道場での問答が大きな要素ではないかと述べましたが、あたかもこの中唐ごろからの禅門では、名称のつけられた偈頌作品が多くなっています。当面の『参同契』の作者、石頭希遷《せきとうきせん》には『草菴歌』という名称の偈頌もありますが、これらの名称ある偈頌は禅門では古いほうなのです。そこで、以下にはそうした作品類を紹介してみましょう。

まず、伝存そのものが僅少な唐代の禅宗語録に見られる文献です。先にもあげた龐蘊居士の語録の中には、「龐居士詩」の項目のもとに、五言と七言の詩が約二〇〇首ものせられています。中唐以後になりますと、洞山良价《とうざんりょうかい》（八六九寂）の語録には「歌頌」の項目があって、ここには『宝鏡三昧』『玄中銘』『新豊吟』『功勲五位頌』などの排律的な比較的長句の作品と、『綱要頌』（五絶三首）のような短いものが収められています。

また、唐末の雪峰義存《せっぽうぎそん》（九〇八寂）の語録には「偈語」の項目が立てられ、一四首の偈頌が収められています。その法嗣である雲門文偃《うんもんぶんえん》（九四九寂）の『雲門広録』になりますと、れっきとした「偈頌」の項に、五絶二首、六絶一首、七絶八首、八言三句一首と多彩になり、ほかに『十二時歌』もあります。こうしてみますと、唐代禅僧の偈頌は豊富ではありますが、それらをまとめた項目にはマチマチな名称がつけられ、「偈頌」となってくるのは雲門さんのころ、つまり唐末五代であったとみてよいでしょう。

ところで、ボダイダルマ系統の祖師が、禅法を師から弟子へと次つぎにうけ伝えた系譜を中心として、それらの機縁や問答などを集成した文献を「燈史《とうし》」といいます。一般には、北宋の初めの景徳元年（一〇〇四）に成立した『景徳伝燈録《けいとくでんとうろく》』三〇巻が、質量ともに最も有名です。ただ、それ以前の禅門発展期にも、大小さまざまな〝燈史文献〟がつくられていました。

そんな中で、雪峰系統の燈史といわれる『祖堂集』（九五二）二〇巻は、悟りの機縁や問答などとともに、偈頌の作品を豊富に集めている空前の文献であります。そうした扱いは、禅門偈頌が教団内外でもつ重みを示すバロメーターでありましょう。ただ、それら個々の偈頌は各祖師たちの語句の中に散在していて短いものが多く、名称のつけられた作品はまれにしかありません。

これにひきかえ、『景徳伝燈録』は巻二九に「讃・頌・偈・詩」という項目のもとに、一七種一三〇首の韻文を集めています。また巻三〇には「銘・記・箴・歌」として、二三種二七首を収録しています。ただ、巻三〇には禅門以外の散文なども見られますが、右の四〇種はみな名称のある比較的長い韻文の集録ですから、資料的にはとても便利です。

一方、燈史文献ではなくややおそい編集ですが、一一世紀には禅門の偈頌だけを集めた『禅門諸祖師偈頌』が成立します。その中に唐代までの偈頌は三六種が収録されています。貴重な点は、ほかでは見られない作品があることと、『景徳伝燈録』に所収される同種のものとはルーツがちがうことなどです。たとえば、洞山の法嗣、龍牙居遁《りゅうげこどん》の作品は、『祖堂集』に二種、『景徳伝燈録』に一八首なのに、『禅門諸祖師偈頌』には九五首も保存されているのです。しかも斉己《せいき》の序文までつけられて。つまり、この文献は資料性が高いというわけですね。こうした文献類と敦煌出土の古資料などによって、唐代禅門の偈頌はおおむね網羅されているのです。

こうして、唐代の禅門偈頌の伝存するものを拾うと、およそ数百種にものぼるのです。その内容はとても多彩ですが、わたくしがそれらをかりに類別してみたところでは、およそ七種となりました。それは、㈠禅旨偈（悟境偈）、㈡修道偈、㈢伝法偈、㈣遺偈《ゆいげ》、㈤投機偈、㈥讃偈、㈦その他、であります。以下、この順にご紹介しましょう。

(一)の「禅旨偈《ぜんしげ》(悟境偈)」は、いわゆる「不立文字《ふりゅうもんじ》・教外別伝《きょうげべつでん》」という禅門の深い宗旨を示すものです。広く仏教界全体や世間一般に対して表明するものから、限定的に門人などに示すものなど、これは大変多いことになります。一連の〝楽道歌〟もはいるでしょう。当面の『参同契』『宝鏡三昧』はもちろん、洞山の『無心合道頌』などもこの類別です。

(二)の「修道偈」は、禅者にとって最もポピュラーな偈頌で、師《せんせい》が弟子や門人たちに、仏道修行を進めるために策励《さくれい》した偈頌ですから、これは最も多いのは当然です。偈頌の名に〝示〟や〝与〟がつけられているものは、ほとんどみなこの部類に属します。

(三)の「伝法偈《でんぽうげ》」は特殊なもので、(一)の禅旨偈が過去七仏……西天二八祖……東土六祖―南岳―馬祖、を主張する馬祖系統の人びとによってつくられた偈であり、その一々の祖師に托した五言や七言の作品です。これは八世紀中葉から九世紀初めの『宝林伝』(八〇一)の完成以前に成立しましたが、もとより史実ではありません。そのためもあって、後代にはまったく忘れ去られました。

(四)の「遺偈《ゆいげ》」は、禅門の出家者では現在なお、つくられているもので、ふつうは死亡ののちに公開されます。四言四句が圧倒的に多いようです。本来は、高僧が入寂《にゅうじゃく》に際して、悟境を後人にのこすためにつくられたものでした。前項の「伝法偈」は、遷化にのぞんで授与されたことから、

㈢と㈣とは本来密接な関係にあります。その始まりは、ほぼ同じ中唐ごろのことだったのでしょう。

㈤の「投機偈《とうきげ》」は、師と弟子の機が一致し、弟子が大悟徹底した際の心境を詠ったもの。古くは馬祖の高足、南泉普願《なんせんふがん》（八三四寂）の作品が知られます。七絶の悟境を詠じています。潙山霊祐の法嗣、香厳智閑《きょうげんちかん》には〝香厳撃竹《きゃくちく》〟という題の有名な偈がありますね。これを意訳的なルビをつけて示しましょう。

一撃亡所知　　一撃にして所知《ふんべつ》を亡《な》くし、
更不仮修治　　更《いっこう》に修治《しゅぎょう》を仮《か》らず。
動容揚古路　　動容《ふるまい》に古路《ぶつどう》を揚《あ》げて、
不堕悄然機　　悄然《きのぬけ》た機《はたらき》に堕《お》ちず。

香厳は洞山とともに偈頌の達人でした。「二百余篇があり、縁に随い機に対し、声律に拘わらず、諸方に盛行す」といわれていますが、伝存するものは約半分ほどです。

一方の達人、洞山にも〝過水悟道〟と呼ばれる投機の偈が知られていますが、これはのちの『宝鏡三昧』の解説でふれます。「投機偈」は昔から有名なものだけが伝えられたようでして、㈠や㈡のように多くは知られていません。

(六)の「讃偈《さんげ》」については、前述のように、偈頌のルーツが仏徳を讃えるガーターであったことから、中国でもたくさん詠われました。これも前にあげた宝誌の『大乗讃』一〇首などは、その原意に適うものです。また、「礼讃文《らいさんもん》」の類は敦煌からかなり出土していますが、系統的には北宗禅の作品が多いようです。高僧の肖像画に哀悼の賛を付ける「邈真讃《ばくしんさん》」も中国では古くからあり、道宣《どうせん》の『広弘明集《こうぐみょうしゅう》』(六六四)には多数が収録されています。

注目すべきは、唐代禅門では師の肖像画を描き、これを讃歎する〃ほめ言葉〃としての偈頌がつくられたことです。馬祖の弟子である盤山宝積《ばんざんほうしゃく》は、臨終の際に「ワシの肖像を画いたか?」と尋ねたことはよく知られています。ところが、それより古い大暦九年(七七四)に、成都《せいと》(四川省)保唐寺無住の弟子が、師の肖像画に讃を加えたことが、敦煌出土の燈史『歴代法宝記《れきだいほうぼうき》』に載っています。ついでながら、宋代の禅宗語録類には「真賛《しんさん》」という偈頌の項目が増大し、日本にも大きな影響を与えることになります。

その他、偈頌の類別としては、一定の章数によって数首の偈文をつなげて一篇の作品とする、〃定聯格章《ていれんかくしょう》〃と呼ばれるジャンルのものがあります。禅詩としては、『五更転』『十二時』『百歳篇』『行路難』『安心難』などの作品が知られています。これらは、中国古来の歌謡のかたちを応用して禅的な思想内容としたもので、南宗禅者による作品であり、敦煌からも出土しています。ほかの偈頌と異なるのは、俗謡のメロディーを用いて世間の一般人にも禅の普及や理解をめざした作品であり、これは大いに注目されてよいでしょう。

また、禅宗高僧の葬地などに立石される碑銘や塔銘などには、末尾にほとんど四言の偈頌が刻まれていて、一種の禅詩文学として注意されます。古くは北宗の神秀《じんしゅう》や普寂《ふじゃく》・義福、それに慧安や景賢などへのもの、南宗では六祖や神会《じんね》などへの銘文が、それぞれ現存しています。「賛偈」と類似した要素もありますが、また独特の分野でありましょう。

以上の類別には入らない偈頌もありますが、今はこの程度にとどめましょう。重要なのは、ご紹介してきた禅門偈頌の発展は、中唐以後のめざましい禅宗発展の歴史と期を一にしていることです。ですから、禅門偈頌類のぼう大な作品類は、中国禅宗史のより深い解明にとって、貴重な資料源になるでしょう。今は、これらの遺品は漢詩と同じく、まさに唐三〇〇年間に広く大きく花開いた仏教文化であることを確認しておくにとどめます。

〈五〉唐詩と禅門偈頌

これまでは、漢詩の歴史的な流れと唐詩の成立、および禅門偈頌の発生とその展開について、おおよそのところを述べてきました。それによって、唐詩と偈頌それぞれの特色やちがいなどが、少しは明らかになったかと思います。

すると次に、では唐詩と偈頌との関わりはどうなのか、という疑問がおこるのは当然でありま す。そこで、以下こんな点について考えてみましょう。ただし、このテーマはじつは専門書か、または大論文になるほどの内容と問題を含んでいます。ですが、今は学術研究ではありませんので、詩や偈頌の形式や内容はさておいて、禅者たちの唐朝や官人たちとの関わり、唐代の詩人たちと禅門との関わり、といういわばアウトラインに問題をしぼって、以下に見てまいりたいと思います。

こうした関係を知るべきみちすじには、さまざまな方法がありましょう。ですが、すでに述べたように、唐詩はいわば唐朝の象徴であり、作詩は唐室や高官たちの教養でしたから、禅者とかれらとの関わりを見ることは、大きな視点となります。だいたい、唐代の禅者たちは、規格でくくれない個性的な生きざまが多かったようです。つまり、山居の修道に専念する者あり、経論の参究に没頭する者あり、積極的に中央に近づいたり、団体生活に身をまかせたり、諸方の道場を訪ね歩いたりと、さまざまな修道学究によって、おおらかに仏道生活をたのしんでいました。これを、一匹オオカミたちが奔放に生きた純禅の時代、ととらえる史観の学者もあるのは、むべなるかなでありましょう。

たしかにあの安史の乱で疲弊《ひへい》した唐朝を助けるため、神会《じんね》（七五八寂）が度牒《どちょう》（僧籍証明書）を大量に売って大金をえ、中央の軍費に充てたなどは、前代未聞の荒わざでした。大梅法常《だいばいほうじょう》（八三九寂）が馬祖のもとで悟ってから、なんと四〇年間も大梅山に隠棲したのち発見され、寺がつくられ説法し、その立派な語録がのこされたのも、思えば奇跡的なことでした。こんな稀有の例は、じつは唐代の禅者にいくらでも見られるのです。

こうして、ダルマ系統の禅者たちが唐朝や貴族や高官などから帰依をうけて、しだいに中央に接近をするのは、初唐の終わりごろ、つまり七世紀末から八世紀初めにかけてのころでした。初めは、長安・洛陽・嵩山《すうざん》といった、いわば唐室の中核地に進出した、いわゆる北宗禅と呼ばれる系統の人びとでした。

かれらは、朝廷に招かれて中央の要望にこたえ、法論をたたかわしたり、ご祈祷を行なったり、教えを説いたり、あるいは戒法を授けたりと、それぞれ個々の定力《じょうりき》や学殖を発揮し、賞讃をえ、帰依を受けました。中には、しばしば入内《じゅだい》する僧もあります。北宗の神秀などは、長安・洛陽の寺院に住してたびたび帝王に道を説いたことから、「両京の法主《ほっす》、三帝（則天武后・中宗・睿《えい》宗）の国師」と崇められたほどでした。かれの没後の神竜二年（七〇六）に諡《おく》られた大通禅師の称号は、禅師号の嚆矢《こうし》とされます。そのような神秀に対して、高官で詩人の張説《ちょうえつ》は弟子の礼をとるなど、多くの官吏たちから支持や帰依を受け、北宗禅が大いに栄えることとなりました。

一方、盛唐から中唐にかけて、こんどは南宗禅者の入内が多くなってきます。たとえば、六祖慧能の法嗣《はっす》である本浄（七六一寂）は南岳（湖南省の名山）に居住していましたが、天宝三年（七四四）に玄宗の招きで長安城に入り、諸方の高僧たちと法論をたたかわし、本浄の応答にみな賞讃します。注目されるのは、その伝存する法論の内容を見ると、本浄は相手に対して『四大無主偈』など七首の偈頌で応じています。七言二首、五言五首ですが、いずれも長偈ですから、即応というよりはあらかじめ常用していた作品か、またはのちに整理された文献なのか、これはよく分かりませんが、中央の場、ひいては当時の官界を驚かしたことは想像に難くありません。

同じ六祖の法嗣である南陽慧忠《なんようえちゅう》（七七五寂）は、洛陽郊外の白崖山に隠棲すること四〇年の人でしたが、勅命により入内して玄宗に禅法を説き、そののち肅宗や代宗にも道を説くなど、三帝の師として国師号を賜って崇められ、その名は天下に知られました。天子と交わした問答の一部が伝存していますが、禅門伝播期の様子を示す古資料として、大変貴重ですね。

六祖の系統とは別に、南京に近い牛頭《ごず》山を拠点として初唐から栄えていた牛頭宗という禅の一派があります。この流れに属する法欽《ほうきん》（七九二寂）は、代宗の招きを受けて大暦三年（七六八）に入内し、法を説いて大師号と径山寺《きんざんじ》の勅額を賜りました。つまり、法欽はのちに五山第一となる杭州径山の開山第一祖となったのです。相国（総理大臣）の崔渙《さいかん》をはじめ、中央や地方の高官たちがこぞって弟子の礼をとりました。法欽の寂後は、名士たちの書いた多くの碑銘がつくられています。

このように、盛唐期には北宗禅者の入内は少なくなり、代って南方、それも各地からの禅者が中央に招かれています。それに拍車をかけたのが、馬祖門下の人びとです。まず、仏光如満《ぶっこうにょまん》が順宗（八〇五のみ在位）から招かれて大師号を受けます。これを皮切りに、同じ馬祖下の鵝湖大義《がこだいぎ》・興善惟寛《こうぜんいかん》・章敬懐惲《しょうけいえき》などが、九世紀の初めにはあいついで入内して道を説いていますが、これらは禅法に深く帰依した憲宗（八〇六〜八二〇在位）からの要請だったのです。憲宗はその在位中に、六祖をはじめとして馬祖や百丈などに対して、次つぎに禅師号を追贈したり塔号を諡《おく》ったりして、しきりに南宗禅者の顕彰をしています。こうした皇帝の動向には、必ず高官たちの推挙や要請があるのは常識であり、すでに禅界と中央との結びつきは大変強く広くなっていたのです。

ところが晩唐期の初め、会昌《かいしょう》の破仏《はぶつ》という仏教界の大弾圧がおとずれます。なにしろ、国中で二六万人以上の僧が還俗《げんぞく》させられ、数万の寺が壊され、無数の経巻や仏像は灰燼《かいじん》と化したのです。

ですが、文字に頼らず実践によって培《つちか》われた禅者たちのエネルギーは、ここで本領を発揮します。大嵐のおさまった会昌六年（八四六）、禅門に帰依していた宣宗が即位したのち、まっさきに江西・湖南の禅道場は復興されました。

こうして晩唐期の禅界は、宣宗と次の懿《い》宗などの歴帝や官吏たちの崇仏《すうぶつ》、および各地方の富豪や官吏、さては農民や町民など、広い階層から支持をえて、ひとり大陸の仏教を席巻《せっけん》します。何百もの雲水が修行する大寺院には名士による額が掲げられ、住持の寂後には同じく名士の書いた塔銘や碑銘が立ち、名実ともに天下の叢林《そうりん》は栄え、宗風の特徴から五家の流れが生まれました。支持者や参禅者の中には作詩の達人もあり、あたかも同期に隆昌した詩界と禅界との交流や影響は、きわめて自然のなりゆきでした。なお、続々と立石された碑銘や塔銘は、詩文の内容もさることながら、その撰述者の名によって当該の寺院や故人の顕彰に、大いに力となったのです。

いま一つ、中唐以後に顕著となったケースに、在家者で禅法をきわめた者が、居士のみならず〝法嗣〟とされるようになったことです。なるほど、中国では仏教に帰依し戒法を受けた〝居士〟は早くから存在しました。前述の傅大士などはその典型ですが、インドの祖師から自分にいたる禅法系譜の中に居士が組みこまれるのは、禅門の祖統説が成立する八世紀の末ごろからです。たしかに、居士でも龐居士のように通常の禅僧以上の力量のある人もいます。だいたい、唐代になされたいのちがけの〝嗣法〟という実態を、近ごろの日本のような形骸化したモノサシで推測してはならないでしょう。ですから、禅宗系譜の上で明確に位置づけられる〝法嗣の居士〟について、詩と偈頌の交流を知るためには、一つの視点となるでしょう。

　時代を追ってみますと、馬祖門下の龐居士は前述しました。ほかには薬山《やくさん》惟儼《いげん》（八二八寂）の法嗣であり、龐居士の語録を編集したり、詩僧である皎然《こうねん》（七九〇ごろ寂）の詩集『杼山《ちょざん》集』に序文を書いた于頔《うてき》がいます。かれは湖州（浙江省）や蘇州（江蘇省）の刺史《しし》（地方長官）から、晩年は中央行政府の長官である尚書《しょうしょ》を務めました。詩の伝存は多くないものの、高官の禅者として注目されます。

　また、同じ薬山の法嗣である李翺《りこう》は、左遷されて朗州（湖南省）の刺史になっていた時、薬山に参じて「雲は青天に在り、水は瓶中に在り」の語で悟り、お礼に詩を贈っています。この李翺の学問の師であった高官の韓愈《かんゆ》（八二四没）は、排仏論をとなえて湖州に流されましたが、石頭の法嗣である大顛《だいてん》に参じ、一偈を与えられて感化され、のちは禅を学んだというエピソードがありました。

　先に述べた入内僧、法欽の法嗣には、宰相の崔群《さいぐん》がいるのは大いに注目されます。次の中唐期には、やはり馬祖下の南泉普願に法を受けた陸亘大夫《りくこうたいふ》がいます。この人は宣州（安徽省）の観察使だった時、南泉に参禅してさまざまな問答が知られています。

南泉と兄弟弟子の興善惟寛は、前述のように入内僧の一人でしたが、その法嗣として白居易（白楽天、八四六没）が名をつらねています。居易と禅僧との交流は晩年ですが、特にこれも前述の仏光如満からは心要を授かり、のちに長安興善寺の惟寛に師事して嗣法。杭州刺史となっていた時、鳥窠《ちょうか》道林をたずねて道を問い、鳥窠の「諸悪莫作《しょあくまくさ》、衆善奉行《しゅぜんぶぎょう》」という答えに、「それは三歳の童子でも答えられます」と述べ、鳥窠に「八〇歳の老人でもなかなか行なえぬぞ」といわれて感化されました。有名な物語ですね。

居易は「外は儒行で身を修《おさ》め、内は釈教で心を治《おさ》む」と述べるなど、唐代の詩人の中でも、最も深く仏教にこころをよせた人でした。一説には、仏光如満の法嗣ともされています。居易が七〇歳の時に書いた『八漸偈』という作品は、「観・覚・定・慧・明・通・済・捨」という八つの心要それぞれに、四言六句の韻文をつけたものですが、形式はいわゆる破格の偈頌なのです。ですから、これを『景徳伝燈録』巻二九に採録したのは、居易をあえて禅者として扱う編者の見解を示すものでしょう。それだけ居易と禅者との関わりは密接であって、したがって詩と偈頌の交流もまた深化していたとみられます。

晩唐期になると、黄檗希運《おうばくきうん》とその法嗣とされる裴休《はいきゅう》（八七〇寂）との関係は、よく知られています。裴休は、初めに大学僧として有名な圭峰宗密《けいほうしゅうみつ》から教学をまなび、のち黄檗に参じて名著『伝心法要』を編集したり、宗密の著述類には序文を寄せ、その寂後には碑文をつくっています。ついでながら、この碑石は西安市郊外の終南山草堂寺に現存し、中国の国宝に指定されています。とにかく、裴休は禅宗を大いに支援した高官の居士でした。

その他、黄檗の孫弟子にあたる陳操、潙山《いさん》の法嗣である王敬初、仰山《きょうざん》に嗣いだ陸希声などが、唐代禅門の居士です。いずれも名だたる官吏ですから、それぞれ詩作にも長けていたとみてよいでしょう。禅宗系譜の上からは、馬祖門下のながれの人びとが最も多いのが注目されます。ただし、それは禅宗五家の勢力とはあまり関係はないようです。

また一方、禅宗系譜の上に載らない人でありながら、仏教ことに禅に帰依を寄せた詩人たちもありました。これまであまり紹介しなかった人では、長孫無忌《ちょうそんむき》・張説《ちょうえつ》・王維《おうい》などの初唐期の詩人、李白や杜甫のような盛唐期の有名人、中唐期の韓愈《かんゆ》などがいます。これらの中で、特に詩作の達人である王維と杜甫の両者について、禅界との関わりをみておきましょう。

王維（七六一没）は、かの神会について禅を学び、北宗の浄覚や道光の碑銘をつくりました。一方、六祖の塔銘も書いていますから、かれは南北両宗の禅者たちと、生涯にわたって交誼を続けた詩人でした。また杜甫は安史の乱の際に、「私はかつて僧璨《そうさん》や慧可《えか》の禅を学んだが、この身はまだ禅寂《ぜんじゃく》の執《とら》われに縛されている」という主旨の詩を詠んでいます。また、のちには「身は許す双峯寺《そうほう》、門は求む七祖の禅」と詠じるなど、禅を深く学んだ詩人だったのです。こうした名士たちと交流のあった禅者たちが、いかに大きな文学上の影響を受けたか、おそらく安易な想像を迢《こ》えるものであったと思われます。

以上、さまざまな切り口から唐代詩人と禅者との関わりをみてきましたが、唐代を通じて強いきずなで結ばれていたことが知られました。その影響でしょうか、晩唐期には禅者の中から偈頌だけでなく、詩作を専門とする〝詩僧〟すら現われました。南岳玄泰・南岳斉己《せいき》・禅月貫休などがそれで、ともに詩の達人とされ、多くの作品をのこしました。いずれも石頭から第五世の系統に属し、またともに湖南省の山中の寺で地味な生きざまをした人びとでした。こうした山居の修道者に、修道のたのしみを詠う偈頌が多いという指摘もありますが、偈頌だけではなく詩作に徹する人もいたのですね。

このように、唐代三〇〇年という時代でみると、禅門の偈頌は多彩かつ豊かであって、あまり時期や系統だけでは律しきれない、自由で純朴な大らかさがあったといえるでしょう。ですから、これに接した官吏や詩人たちも、なにがしかの刺激や影響は受けたでしょうが、一部の居士などを例外として、偈頌に対する評価は低かったこと、すでに述べた通りです。それは、定型の唐詩を範とするかれらにとって、自由詩にも似た破格の偈頌は鼻もちならなかったのでしょう。また、偈頌のもつ思想内容は、居士などの仏教者をのぞき、理解の度をこえていたのかもしれません。わたくしたちは、「教外別伝」を誤解してはならないのです。唐代禅者たちの学問的素養は、おそらく予想以上に高かったからです。

ですから、唐代の偈頌作品ひとつを理解するためには、こうした一般詩との関係はもちろん、偈頌の歴史や基本的性格、そして時代背景や作者の教養など、もろもろの知識と観照する力を要するということになるでしょう。偈頌の多彩さは、前述したような類別を越えて、のちには香語や疏なども派生し、やがて豊かな禅文化を構築してゆきます。そしてその原因こそは、かたちや規則にはまらず、自由で大らかな世界に遊ぼうとする修道の精神にあったといってよいでしょう。わたくしは、唐代の偈頌作品はそうした禅文化の源流として、もっと深く広く考察され研究されてよい分野であると、こころから確信しています。

〈参照文献一覧〉

・吉川幸次郎注『詩経国風』上下、「中国詩人選集」第一巻、岩波書店、昭和三三年三月
・小川環樹『唐史概説』、岩波書店、昭和三三年九月
・目加田誠訳『詩経・楚辞』、「中国古典文学大系」第一五巻、平凡社、一九六九年一二月
・小川環樹編『唐代の詩人』、大修館書店、昭和五〇年一一月
・目加田誠『唐代詩史』、龍渓書舍、昭和五六年六月
・篠原壽雄・田中良昭共編『敦煌仏典と禅』、「講座敦煌」8、大東出版社、昭和五五年一一月
・入谷義高『求道と悦楽―中国の禅と詩―』、岩波書店、一九八三年一月
・入谷義高編『馬祖の語録』、禅文化研究所、昭和五九年一〇月
・鈴木哲雄『唐五代禅宗史』、山喜房仏書林、昭和六〇年一二月
・潘桂明『中国居士仏教史』上下、北京、中国社会科学出版社、二〇〇〇年九月
・張海沙『初盛唐仏教禅学与詩歌研究』、北京、中国社会科学出版社、二〇〇一年一月
・褚斌杰著・福井佳夫訳『中国の文章―ジャンルによる文学史―』、汲古書院、二〇〇四年三月

やさしく読む『参同契』

『参同契《さんどうかい》』〈原文〉

竺土大仙心　東西密相附
人根有利鈍　道無南北祖
霊源明皎潔　支派暗流注
執事元是迷　契理亦非悟
門門一切境　回互不回互
回而更相渉　不爾依位住
色本殊質像　声元異楽苦

〈訓読文〉

竺土《ちくど》、大仙《だいせん》の心《しん》。東西《とうざい》、密《みつ》に相《あ》い附《ふ》す。
人根《にんこん》に利鈍《りどん》あり。道《どう》に南北《なんぼく》の祖《そ》なし。
霊源《れいげん》、明《みょう》に皎潔《こうけつ》たり。支派《しは》、暗《あん》に流注《るちゅう》す。
事《じ》を執《しゅう》するも元《も》と是《こ》れ迷《まよ》い。理《り》に契《かな》うもまた悟《さと》りに非《あら》ず。
門門《もんもん》、一切《いっさい》の境《きょう》。回互《えご》と不回互《ふえご》と。
回《え》して更《さら》に相《あ》い渉《わた》る。爾《しか》らざれば、位《くらい》に依《よ》って住《じゅう》す。
色《しき》、もと質像《しつぞう》を殊《こと》にし。声《しょう》、元《も》と楽苦《らっく》を異《こと》にす。

暗合上中言　明分清濁句
四大性自復　如子得其母
火熱風動揺　水湿地堅固
眼色耳音声　鼻香舌鹹酢
然依一一法　依根葉分布
本末須帰宗　尊卑用其語
当明中有暗　勿以暗相遇
当暗中有明　勿以明相覩

暗《あん》は上中《じょうちゅう》の言《こと》に合《かな》い、明《めい》は清濁《せいだく》の句《く》を分《わか》つ。
四大《しだい》の性《しょう》、おのずから復《ふく》す。子《こ》の其《そ》の母《はは》を得《う》るがごとし。
火《ひ》は熱《ねっ》し、風《かぜ》は動揺《どうよう》。水《みず》は湿《うるお》い、地は堅固《けんご》。
眼《まなこ》は色《いろ》、耳《みみ》は音声《おんじょう》。鼻《はな》は香《か》、舌《した》は鹹酢《かんそ》。
しかも一一《いちいち》の法《ほう》において、根《ね》によって葉分布《はぶんぷ》す。
本末《ほんまつ》、すべからく宗《しゅう》に帰《き》すべし。尊卑《そんぴ》、其《そ》の語《ご》を用《もち》ゆ。
明中《めいちゅう》に当《あた》って暗《あん》あり。暗相《あんそう》をもって遇《あ》うことなかれ。
暗中《あんちゅう》に当《あた》って明《めい》あり。明相《めいそう》をもって観《み》ることなかれ。

明暗各相対　比如前後歩
万物自有功　当言用及処
事存函蓋合　理応箭鋒拄
承言須会宗　勿自立規矩
触目不会道　運足焉知路
進歩非近遠　迷隔山河固
謹白参玄人　光陰莫虚度

明暗《めいあん》おのおの相対《あいたい》して、比《ひ》するに前後《ぜんご》の歩《あゆみ》のごとし。
万物《ばんもつ》、おのずから功《こう》あり、当《まさ》に用《よう》と処《しょ》とを言《い》うべし。
事《じ》、存《そん》すれば函蓋合《かんがいがっ》し、理《り》、応《おう》ずれば箭鋒拄《せんぽうささ》う。
言《こと》を承《う》けてはすべからく宗《しゅう》を会《え》すべし。みずから規矩《きく》を立《りっ》することなかれ。
触目《そくもく》、道《どう》を会《え》せずんば、足《あし》を運《はこ》ぶもいずくんぞ路《みち》を知《し》らん。
歩《あゆみ》をすすむれば近遠《ごんのん》にあらず、迷《まよ》うて山河《せんが》の固《こ》をへだつ。
謹《つつし》んで参玄《さんげん》の人《ひと》にもうす、光陰《こういん》、虚《むな》しく度《わた》ることなかれ。

【第一講】

『参同契《さんどうかい》』とは

昔から曹洞宗をはじめ禅門で有名な『参同契』という詩（偈頌《げじゅ》）の作品を、やさしく読んでまいりましょう。

宗門人はともかく、一般の方々は、タイトルの『参同契』をご覧になるだけでも、なんだか「易《えき》」などの東洋哲学めいた書名かな、という印象を抱《いだ》きますね。それもそのはず、中国では今から二千年も昔の後漢《ごかん》時代に、魏伯陽《ぎはくよう》という道教の熟達者がいました。この人には、主として仙丹をつくる方法を述べた『参同契《さんどうけい》』という同名異音の書物があるのです。仙丹とは、不老不死の仙人になる霊薬とされ、道教ではそんな霊薬をつくる手引書がほかにもたくさん知られています。何といっても人間にとって不老不死は究極のあこがれですから、この種の書物はもてはやされたにちがいありません。その結果はどうだったのでしょうか。それは今、問題としません。

でも、ご安心ください。今、ここでとりあげるのは道教の古典ではなくて、唐代の禅僧である、石頭希遷《せきとうきせん》禅師が述作された、れっきとした禅門の名著であります。

日本の曹洞宗のお寺では、毎朝の勤行《ごんぎょう》の中で、「仏祖諷経《ぶっそふぎん》」といって、禅門歴代のお祖師さまやお寺の開山《かいさん》さま、歴住《れきじゅう》さま方にご供養《くよう》の読経《どきょう》を行ないますが、その時のお経が『参同契』か、または洞山《とうざん》さまのつくられた『宝鏡三昧《ほうきょうざんまい》』のどちらかが、必ず読まれています。ですから、宗門では重要なお経とされているのです。作者の石頭さまは、のちに中国の曹洞宗を出す禅宗の法系譜上のお祖師さまであり、また洞山さまは石頭さまからは三代あとの方で、その曹洞宗の宗祖、というそれぞれ重要な地位にある方々であります。

ですから、これら二つの作品は、曹洞宗ではさかんに参究されているのは当然なのですね。特に江戸時代からは注解書のほかに、提唱《ていしょう》という形式の講義録などもあり、その当時の錚々《そうそう》たる宗学者たちがまるで競うかのように、両書の注解や提唱を行なっているのは壮観であります。

ところが、これをさかのぼったわが中世の時代や、また中国の場合をみると、これは意外にも『参同契』の注解書のたぐいは寥々《りょうりょう》たる状態なのです。どうも、中国大陸や日本の中世までの禅門では、これらの両作品はあまり重んじられていなかった傾向が伺《うかが》われるのです。

では、どうして日本の近世からはにわかに脚光をあびるようになったのでしょう。これは大変むつかしい問題ですが、わたくしは次のように考えています。

近世になって曹洞宗学が空前の盛況を示すような過程にあって、その先駆をなした中国曹洞禅の思想禅風が見直されます。そして、すぐれた特徴をもつ右の二つの作品を高く評価するうごきが受容されて、必然的にその参究が高められたということ。前述した「仏祖諷経」での読誦《どくじゅ》も、こうした動向の一環だったと考えられるのであります。

詩（偈頌《げじゅ》）としての『参同契』

『参同契』は詩とはいっても、内容的には一般に「偈頌」といわれる韻文のジャンルに入ります。「偈頌」とは、インドの言葉ではガーターといい、もともと釈尊の教えや仏・ボサツの徳を讃えて詩の形式をとる作品のことをいいます。禅門では「偈頌」というと、悟りの心境を詠《うた》ったものが多いという特徴をもっています。前篇で述べましたように、特に中国で禅宗が成立した唐代では、静かな山中で坐禅弁道《べんどう》し、その悟境《ごきょう》や修道の楽しみを詠った作品が、禅者によってたくさんつくられています。『参同契』もそうした中から生まれた作品であります。

それでは、『参同契』はどんな形式の偈頌かといいますと、五言《ごごん》×四四句＝二二〇字から成り立っています。そして、偶数番目の句ごとに韻《いん》（同じ発音の文字）が用いられています。

つまり、やや専門的になりますが、『参同契』では第二句の末尾の文字「付」は上声七虞《じょうせいしちぐ》、第四句の「祖」は去声七遇《きょせいしちぐう》、第六句の「注」は七虞、第八句の「悟」は七遇……というように、七虞と七遇の韻に属する文字が一句おきの交互に使用されているのです。七虞と七遇に属する文字は同韻なのです。こうした同一の韻をふむ文字の用法は、音律のリズムを整えるための巧みな作詩法なのであります。

なるほど、『参同契』をわたくしたち日本人が訓読《くんどく》してさえも、リズミカルなために立派なお経さんになるのですが、これを中国音で読むと、そのリズムの美しさが一層よく分かります。これもまた『宝鏡三昧』と同じでありまして、両作品は思想禅風の面で姉妹関係にあるといわれていますが、偈頌の形式面でもまた同じような趣《おもむき》があるのですね。ただ違うのは、形式的に『宝鏡三昧』は四言の詩であって、全体の分量が『参同契』の一・七倍もある長詩であることなどでしょう。

さて、『参同契』は音律のリズムが美しいばかりではありません。全体的にいわゆる美辞麗句がたくさん用いられ、また譬喩《ひゆ》的な表現がとても豊かですね。のちにくわしく読みますが、『参同契』の思想禅風もまた奥深くすばらしい内容をもっているのです。

このように三拍子そろっていることが、本作品は『宝鏡三昧』とともに、数ある唐代の偈頌類のうちでも白眉《はくび》の文学作品といわれている理由なのであります。

このようにみますと、これらの両作品が近世以後の曹洞宗で重んじられ親しまれてきたという歴史は、まさに必然的な経緯《けいい》だったのです。近世のお祖師様方は、まことにすばらしい両偈頌を高揚《こうよう》させたものと、あらためて驚かざるをえません。

作者の石頭希遷禅師について

ところで、『参同契』の作者、石頭希遷禅師とは、いったいどのようなお方だったのでしょうか。ここに、かいつまんでご紹介しておきましょう。

禅師は七〇〇〜七九〇年の生涯ですから、中唐時代に生きて九一歳の長寿を保った禅者でした。生まれは南方の広東省端州高要県《たんしゅうこうようけん》です。現在広東省の省都として人口数百万の大都市として知られる、広州市の西側にある肇慶《じょうけい》市に属するところです。肇慶はまた、日本人にはなじみの深い硯石の産地として知られていますね。この附近で禅師は生まれました。希遷さまがまだ幼かったころ、地元民が邪教を信じている迷信を打破した、という逸話が伝えられています。幼年にして宗教的な力量があったのですね。

一二、三歳のころ、肇慶からは西南にあたる新州国恩寺に行き、禅宗第六祖の慧能《えのう》禅師のもと

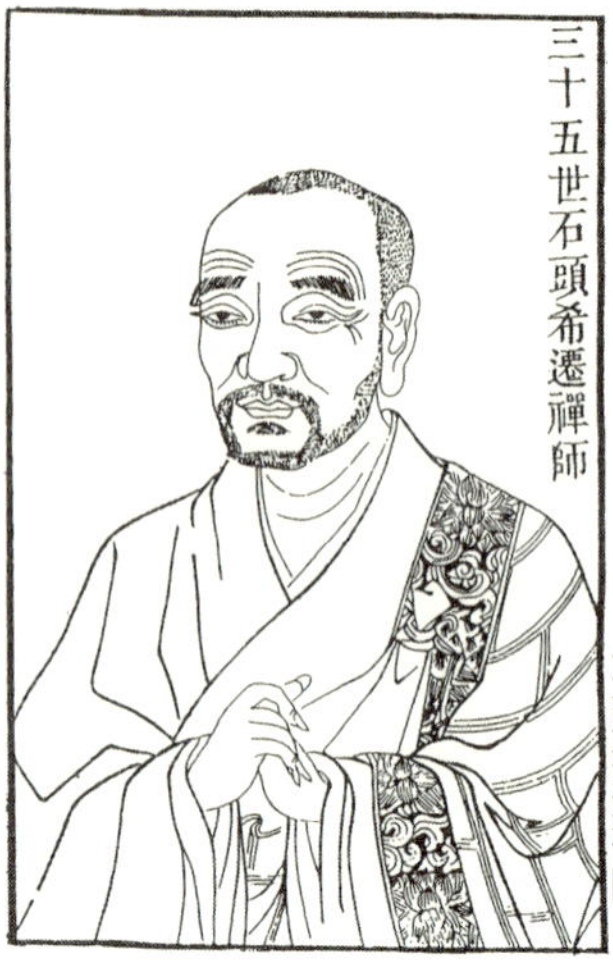

石頭希遷禅師

で出家します。のちに江西省《こうぜいしょう》の青原山《せいげんざん》静居寺《じょうごじ》に行き行思《ぎょうし》さまに師事《しじ》して嗣法《しほう》しました。行思さまは六祖さまの法嗣《はっす》ですから、希遷さまは禅宗初祖のボダイダルマからは第八代目の祖師となったわけです。

天宝《てんぽう》（七四二年～）の初めに湖南省の名山、南嶽《なんがく》の南《なん》寺《じ》に行き、石の上に庵《いおり》を結んで坐禅を常としていました。そこで人びとは、たれということなく石頭和尚と呼んだのですね。石頭さまはここを根城《ねじろ》にして半世紀ちかく、多くの道俗《どうぞく》を教化《きょうけ》し、貞元《じょうげん》六年（七九〇）一二月に示寂《じじゃく》します。朝廷からは無際大師《むさいだいし》と諡号《しごう》を受けました。石頭さまの著作には、『参同契』のほかに『草庵歌《そうあんか》』一篇があります。この偈頌は、南嶽の草庵にことよせて、奥深い悟りの境地を詠《えい》じた作品であります。

ところで、禅門では昔から、修行僧たちが三ヶ月間にわたって安居《あんご》修行する慣《なら》わしがあり、これを結制安居《けっせいあんご》とか江湖会《ごうこえ》と呼んでいます。いうまでもなく、インドで仏弟子たちが行なった雨期《うき》三ヶ月の安居修行を範としたものです。禅門の特長的な実践といえましょう。

今、問題にするのは「江湖会」という言葉。この言葉の由来は、江西と湖南から一字ずつとっ

たものですが、唐代に江西で活躍した馬祖道一《ばそどういつ》と、湖南で名をなした石頭希遷のもとに、それぞれ天下の禅僧たちが往来して修行安居したところから、この言葉が生まれたといわれています。

馬祖道一大師といえば、六祖慧能―南嶽懐譲《えじょう》―馬祖という系譜上の祖師ですから、石頭さまとは禅法の系譜の上でイトコの関係にある方です。馬祖大師は、それ以前のインド的な瞑想中心の禅を、初めて日常生活の中に活かし、多くの弟子を打ち出し、のちの禅の展開に空前の影響を与えた大禅匠《ぜんしょう》とされる方でした。

これにひきかえ、山居《さんご》を主とした石頭さまには資料も少なく、偈頌などからみると比較的地味な禅風だったようですが、馬祖大師と並び称されるからには、これまた並ではない当時の禅哲《ぜんてつ》であったことを物語っています。

禅宗略系図

菩提達磨《ぼだいだるま》……曹溪《そうけい》(六祖)慧能《えのう》
- 青原行思《せいげんぎょうし》―石頭希遷《せきとうきせん》……曹洞宗
- 南嶽懐譲《なんがくえじょう》―馬祖道一《ばそどういつ》……臨済宗・黄檗宗

『参同契』をつくった理由は

さてそれでは、石頭さまは、いったいなぜ『参同契』を述作されたのでしょうか。

これについては、まずいちばん最初に『参同契』の注解を著《あらわ》したとされる、唐代末期の法眼文益《ほうげんもんえき》（八八五〜九五八年）によると、石頭さまは『肇論《じょうろん》』という書物を読み、その中の「天地は同根、万物は一体」という名句を見て、すべての区分・現象イコール平等・真実の世界という仏教の奥義を示すためにつくったのだ、と述べています。

法眼さんは中国の禅宗五家《ごけ》のうち、唐代末期から北宋期まで隆昌した法眼宗という一宗派の開祖とされる方です。また『肇論』は、あの有名なクマーラジーヴァ（鳩摩羅什《くまらじゅう》）の弟子で北魏《ほくぎ》時代の初めに出た僧肇《そうじょう》（三八四〜四一四年）という学僧による有名な著述であり、のちに禅宗思想の形成には大きな影響をおよぼしたとされます。ですから、法眼さんの説は大いに傾聴に値《あたい》するのではないでしょうか。

また、『参同契』述作の理由について、近代の学者によると、前にあげた同名の道教関係の作品には本体論・宇宙論・人生論なども説かれて流布していたのに対して、石頭さまは仏教においてのそれを明示し、また同時に唐代の禅門が南北両宗に分かれて抗争しているのを止めさせる意図から本作品をつくった、ともいっています。さあ、どれが正鵠《せいこく》を射ているのでしょう。

これについては、『参同契』のタイトルが大いに関係してまいります。石頭さまの場合についてみますと、「参」という区分・現象を表わす語と、「同」という平等・共通を示す語とが、じつは「契」、つまりピッタリ一致契合《かいごう》しているのだ、という意味なのであります。そして、これこそ仏法の核心的な思想であり、根本道理であることを、二二〇文字の偈頌で高らかに詠っているのであります。

そうしますと、右にあげた法眼さんの説も学者の見解も、みな思想的方面に関しては道理に契《かな》っていますから、これこそ文字どおりの「参同契」ですね。イヤ、これは失礼いたしました。

『参同契』の伝来

次に、『参同契』のテキストについてふれておきましょう。だいたい一千年以上も前の唐代に成立した作品は、伝来した長い歳月の間に、必ず変化するものです。本作品などはあまり変

石頭希遷禅師墓塔（湖南省南嶽 南台寺前の林中／写真・五十嵐嗣郎氏提供）

わっていないほうなのですが、それでも例外ではありません。

まず、『参同契』は近代に敦煌《とんこう》からのテキストはまったく出土していません。これは『宝鏡三昧』も同じです。敦煌から出土した禅宗文献は偈頌の作品が多いのですが、どうもこの両者は唐代の北地では注目されなかったのかも知れませんね。ですから、『参同契』のテキストは昔から伝来したものにかぎられるわけですが、一般に偈頌の作品は短いので、大きな燈史や叢書などの文献の中に含まれて伝えられるのがふつうです。

そこで、現存する最古の『参同契』のテキストは何かと探りますと、『祖堂集《そどうしゅう》』（九五二年成立）二〇巻のうち巻四の石頭条に含まれるものであり、ついで『景徳伝燈録《けいとくでんとうろく》』（一〇〇四年）三〇巻中、最後の巻三〇に収められるものです。これらの文献は、いずれも禅宗の燈史文献《とうしぶんけん》といって、お祖師さまたちの略伝や悟りの因縁、すぐれたはたらきの言動、などが祖師別に編集されて大きくまとめられている何十巻もの著名な書物なのであります。

じつは、わたくしは昔、これらの古い燈史文献中のものをはじめとして、『参同契』の異本テキスト六種を対校してその異同状況を調べたことがあります。その結果、全二二〇文字の中で二七文字にわたって異同のあることが分かりました（くわしくは、本書「付録」の『参同契』の諸本、をご参照ください）。

そして、その異同の内容をよく検討すると、右の『祖堂集』本こそは石頭さまの真作に最も近い、まだ未整理で素朴な香りのあるテキストであって、『景徳伝燈録』本以後のものは、しだいに整理の手が加わったり、発展的な跡の見られることが分かってきました。

ただ、こんな文献史的な問題はあくまでも専門的な学問上のことですから、『祖堂集』本がいくら古い要素をもっているからといって、一般の方々にはあまりなじみがありませんね。そこで、ここでは現在一般に読まれていて、いわば通行本といえます、曹洞宗宗務庁から出ている『曹洞《そうとう》宗《しゅう》日課《にっか》諸経要集《しょきょうようしゅう》』に含まれている『参同契』のテキストを底本として、やさしく読んでまいりたいと思います。

【第二講】

禅門に南北なし──『参同契《さんどうかい》』述作の目的

竺土《ちくど》、大仙《だいせん》の心《しん》
東西、密《みつ》に相《あ》い附《ふ》す
人根《にんこん》に利鈍《りどん》あり
道《どう》に南北の祖なし

【訳】　インドにお出ましになった釈尊は、その深くすばらしいお悟りのこころを後世に伝えられた。この仏心は、インドから中国へ、師から弟子へと親密に受け継《つ》がれてきた。

なるほど、仏法を学ぶ者の中には、それをすぐに体得できる利発な者と、なかなか体得できないスローモーな者という機根の違いは、たしかにある。

だがしかし、いやしくも仏祖たちが伝えてきた、この仏心の法を学ぶためには、禅門のある指導者がいうように、南方の禅の教えのほうがすぐれ、北方のそれは劣っているとか、またはその逆であるなどの無益な比較や論争などはすべきでない。なぜならば、仏心を尊ぶというすばらしい禅門の教えは、東西南北の別もなく、道を学ぶ上からは、あまねく誰にでも平等に開かれているからだ。


いよいよ本文ですが、まず『参同契』四四句二二〇文字の組み立てについてみておきましょう。仏教の経典といわれるものには、みなそれぞれキチッとした構造や組織がそなわっています。それはどういうことかといえば、昔から経典全体を、序分《じょぶん》・正宗分《しょうしゅうぶん》・流通分《るづうぶん》という三つの部分に区切って講義がなされたり、学習されたりしているのです。序分は由来や目的、正宗分は本論、流通分は結論、というわけですね。

むろんこの『参同契』は経典ではありませんが、やはり同じような組み立てになっているのです。つまり、第一句〜第四句が序分、第五句〜第三六句が正宗分、第三七句〜第四四句が流通分であります。ちなみに、『参同契』よりも長文でありながら、なぜか『宝鏡三昧《ほうきょうざんまい》』にはこうした組み立てが見られません。ふしぎですね。

さて『参同契』では、右に示した四句が全体の序分といわれる部分でありまして、『参同契』述作の目的をズバリと示しているのです。

まず、用いられている語句に注目しましょう。「竺土《ちくど》」は天竺の国土ということで、インドのこと。「大仙」とは、インドではもともと偉大な仙人を意味していましたが、仏教ではもっぱら釈尊を指してこう呼んでいます。「密」の字は秘密ではなくて、親密の意味。禅宗ではよく用いられる言葉です。

ですから、第一句、第二句では、釈尊がお悟りになった深いこころのうちは、国境をこえ、中国に連綿と伝えられているのだ、という禅者の強い自信と気概《きがい》がくみとれますね。

たしかに禅門では、釈尊が一枝の金波羅華《こんぱらげ》を拈じて言葉で表現できない仏法の奥義を示したところ、みなあっけにとられている中で、迦葉尊者《かしょうそんじゃ》だけがニッコリほほえんでこれに応《こた》えた、という有名な大法相続《だいほうそうぞく》のシーンが語り継がれ、また重んじられます。

このように、仏心の伝来は経文《きょうもん》や言葉をこえた世界であるところから、それを禅門では「不《ふ》立文字《りゅうもんじ》」や「教外別伝《きょうげべつでん》」などの特色ある表現によって、禅宗が成立した唐代からは盛んに主張するようになりました。

時代こそ下りますが、『正法眼蔵《しょうぼうげんぞう》』という名称も仏法の真髄という意味ですから、宋代の大慧《だいえ》宗杲《そうこう》も日本の道元禅師も、この同じ書名の作品の中で、まさに同じく仏法の真髄を語りぬいているわけですね。ですからこそ、こういった仏法の真髄や実践を、師から弟子へと代々受け継いでゆくのが禅門の生命なのであります。

ところで、右の第三句に見える「人根《にんこん》に利鈍《りどん》あり」については訳文のような意味なのですが、よく誤解されることがあります。それは、人は生まれつき頭脳のよし悪しの別がある、という解釈の仕方です。たしかに、わたくしのような凡庸《ぼんよう》な人間から見ると、とうてい及びもつかない頭脳の明晰明敏な人はどこにでもいるような感じです。でも、わたくしはまったく悲観などしていません。どんなに頭の回転が早く知識が豊富な人であっても、必ずしも人間としての情緒を豊かにたくわえ、すぐれた智慧を持ち合わせているとはかぎらないからです。むしろ、その逆の場合もめずらしくありません。問題は、みなすばらしく多彩な要素や特性を秘めている人間であるのに、ある一部分の特長だけを誇大に評価し、他と優劣をつけたり差別したりすることのおろかしさであり、これはぜったいに反省し是正されなければなりません。

今、石頭さまは宗教的な指導者として、人間がそれぞれの情緒や智慧などを後天的に少しずつ涵養《かんよう》し身につけるべきはたらきについて、利と鈍という区別があることを詠《えい》じているのです。同じような条件のもとでも、根性や道心《どうしん》のちがいによって結果は大きく異なるという道理でありま す。

末句の「南北の祖なし」ですが、石頭さまが生まれた八世紀初頭ごろは、中国北地の禅が全盛でありました。それを六祖さまの法嗣《はっす》である神会《じんね》が頓悟《とんご》の法門を掲げ、自分が第七祖で北宗は傍《ぼう》系《けい》だと主張します。これが大きく功を奏して、その後、南地の禅が栄えることになりますが、石頭さまは真の仏法の上からは南も北もないと詠じたのです。その通りですね。でもこれはよほどの見識と力量がないといえないことであります。

明《みょう》・暗《あん》を初めて説いた

霊源《れいげん》、明《みょう》に皎潔《こうけつ》たり
支派《しは》、暗《あん》に流注《るちゅう》す
事《じ》を執《しゅう》するも元《もと》是《こ》れ迷《まよ》い
理《り》に契《かな》うもまた悟《さと》りに非《あら》ず

【訳】 この仏心のありさまは、大変霊妙であって、言葉でいい表わしたり、こころでおしはかったりできない不可思議な万物のいのちの根源であるから、それはあたかも天の月のごとく、すべてのものに平等に皎々《こうこう》として、清らかに冴《さ》えわたっている。しかも、その仏心はたえずいきいきと、現実に一切万物が水のごとく流動するすがたとして、いのちのはたらきをなし続けているのだ。

したがって、われわれ人間が、この流動する目前の現実のことがらのみにとらわれるのは、迷いであるのはいうまでもない。だが、そうかといって理想だけを追い求め、真理をあたまで理解するのみで、それが悟りだなどと思うのもまた誤りにほかならない。

この段落からは、いよいよ正宗分、つまり本文となります。ここの四句をよく見ますと、初めの二句と次の二句の中には、霊源と支派、明と暗、事と理、迷と悟が、それぞれ対句となって巧みに用いられているのがお分かりですね。意味については、「霊源」は霊妙不可思議なこころの根源、「支派《しは》」は支流や分派ですが、わたくしはこれらを理解しやすいように、月と水のたとえで訳しておきました。

次に、「明《みょう》」とは明るいという意味ではなく、個々の現象のことをいいます。それはさまざまな多種多様なありようを示し、言葉で表現できるものです。

これに対して「暗《あん》」とは暗いという意味ではなく、「明」をつつみおおう絶対平等の真理のことで、言葉でいい表わせないものであります。また、「事」は個々の現象、「理」は絶対平等の真理ですが、これはいつも仏教一般でいわれる言葉ですから、ことさらにめずらしくはありません。これにひきかえ、「明・暗」の用法は禅門独特のものであって、この『参同契』が最初の用例とみられる点で重要であります。

そうはいっても、事と理、明と暗は、何のことはない、それぞれ同じような概念を切口や視点を変えて表現したまでのことですから、なにもけっしてむつかしく考えることはありません。ただ、『参同契』ではこれらの四文字が別々に何度も何度も出てくる、いわばキーワードになっていますから、特に奥深い意味をもつ「明」と「暗」について、もう少しみておきましょう。

ご承知のように、夏目漱石の未完の絶筆は『明暗』という題名の長編小説でした。この題名は、宋代に成立した禅門の公案集として名高い『碧巌録《へきがんろく》』第五一則《そく》に見える「明暗双双底《めいあんそうそうてい》」から採用したのだと、漱石じしんが久米正雄と芥川龍之介に宛てた手紙に書いているそうですね。そこで調べてみたところ、たしかに「明暗双双底」は『碧巌録』の著者である圜悟克勤《えんごこくごん》の述べた言葉でした。そして、その意味は、「判断できて言葉でいい表わせる個別の現象界と、判断できず言葉をこえた絶対平等の真理世界が、たがいに一つにとけ合っている」という意味でした。すると、それは本書のタイトル『参同契』とまったく同じなのであります。

じつは、正直なところ、わたくしは漱石の『明暗』をこのたび初めて読んだのですが、そこには大勢の人物が出てきて、人間的な愛憎の葛藤を縦横に展開しています。漱石の門人、小宮豊隆《とよたか》による本書の解説によれば、この書は登場人物が、「我《が》」や「私」を主張する百鬼夜行《ひゃっきやこう》の図であるが、それはかえって漱石がモットーとした「則天去私《そくてんきょし》」の世界を予想しているのだ、と洞察しています。

漱石の「則天去私」とは、自我を捨て去って天意自然《じねん》の自由な境地に生きることですから、この言葉は漢語ではありませんが、禅の悟境を表わした言葉、といってもよいでしょう。

してみると、「明暗」の作品は、自我を押し立てていた人たちが、やがてそれを反省し、さいごには安らかな境涯《きょうがい》に生きることをめざしていたのでしょう。要するに、そこには明→暗という展開がくみとれるようです。未完成が惜しまれますね。

「明暗」についてはいま一つ、普化宗《ふけしゅう》との関係にふれないわけにはいきません。あの尺八を吹く虚無僧《こむそう》で知られている普化宗は、じつは禅の一派であります。宗派の名は、唐の臨済義玄《りんざいぎげん》の法嗣で、風狂僧とされる普化和尚の名にもとづきます。普化和尚は、石頭さまからはほぼ一〇〇年ぐらい後の方です。またその宗風は、普化が常に唱えていた偈文《げもん》による「明暗双打《めいあんそうだ》」という自在な心境を目ざす、といわれています。普化和尚の場合は、対人的な応接の態度として、明・暗・事・理を自在無礙《むげ》に使いこなすというものでしたが、これが後代の禅門ではこころの修養へと展開しているのは注目すべきでありましょう。

このようにみると、今、問題にしている『参同契』の「明」と「暗」は、ただ現実と理想といった思想哲学みたいなものではなく、禅者たちがみずから学道のための基本認識とするのみではなく、これを融合してゆくための努力、それも精神的向上の糧を志向するための教え、と受けとめるべきでありましょう。これが「事《じ》・理《り》」との微妙なちがいであります。

さて、後段の「事を執《じしゅう》する」という迷いについては、先に述べた「不立文字」について考えるだけで、充分に納得できますね。また「理に契《りかな》う」ことがそのまま悟りとするのを厳しく誡《いまし》める例は、石頭さまの時代にはいくらでも見られます。たとえば、馬祖《ばそ》が「即心是仏《そくしんぜぶつ》」のアンチテーゼとして「非心非仏《ひしんひぶつ》」と説いたことは有名です。その孫弟子にあたる趙州《じょうしゅう》には「無仏性《むぶっしょう》」の説破《せっぱ》があり、ともに理に落ちるのを誡めた活句《かっく》として、禅門の積極的な活力をいかんなく示しています。

理・事は融和し、そして独立している

門門、一切の境《きょう》
回互《えご》と不回互《ふえご》と
回《え》して更に相い渉《あいわた》る
爾《しか》らざれば、位《くらい》に依《よ》って住《じゅう》す

【訳】仏心という悟りの世界のありさまを、分類的に見てみよう。それは、かりに平等と区別という観点からの見方である。まず、平等という方面から見ると、ありとあらゆるすべての現象世界は、たがいに融和し一体となって成り立っている。

ところが一方、区別という方面から見ると、みなそれぞれの自主性があって、完全に独立を保っているのだ。そして、すべてのものは、こうした両面をそなえながら、また一つになっているというのが、世界中のありさまにほかならない。

この一段の四句では、理の世界と事象とが混然と融和してすべてが成り立ち、しかもそれらが

みな独立自存しているという世界観が示されています。これは、じつは『参同契』の中心的な思想なのであります。

まず、語句について。「門門」とはすべてということ。「境《きょう》」とは現象とか事物の意味ですが、『参同契』では特に人間が感覚する対象物のことをいっています。次の句の「回互《えご》」は重要ですが、これは複数のものがたがいに入りまじって関係し合い、相互依存をしながらそれぞれ独立しているさま、をいうのです。たとえば、森林には多くの樹木や野草が繁り、多くの昆虫や小鳥たちが棲息していますが、たがいにそれぞれの領域を守りながら、全体としては森林の生命やバランスを保持しているようなものです。

「回互」という言葉は、『参同契』より前になかったわけではありません。探してみますと、唐の直前の隋の時代に王劭《おうしょう》という人がいて、その詩の中に「回互」の語が出てきますが、そこでの意味はたんなる「組合せ」にすぎません。また、石頭さまとほぼ同時代の高適《こうてき》という人の詩にも用いられていますが、これは「山などのうねったさま」を意味しています。してみると、『参同契』の用法は大変独自であって、しかも奥深い意味がこめられている言葉なのですね。

右に意訳したように、「回互」は大変すばらしい状態を示した語であり、その反対の「不回互」はなんとも好ましくないありさまでした。わたくしは、車の運転をする時、当然ですが、いつも回互するようにところ掛けております。運転は、理と事が回互する世界そのものでありますね。いくら運転のマニュアルを読んでも、実地はまったくといっていいほど異なりますね。それこそ常に過去と現在と近々の未来を見すえた全身あげての認識と判断、そして適切な手足の操作によって、初めて安全運転が可能となるという点で、これは過現未という三時《さんじ》の業報《ごっぽう》を背負った事《じ》のはたらき、といえるのではないでしょうか。

ところが、どんなに運転がうまくても、交通のルールを守らなくてはなりません。そこには厳然として理の世界がはたらいているのです、つまり、操作もルールも立派に独立した領域をもっているのですね。ですから、正しく回互する世界はすばらしく、大自然も人間もそうなくてはならないのです。

【第三講】

形象《けいしょう》と音声は、本来すべて平等

色《しき》、もと質像《しつぞう》を殊《こと》にし
声《しょう》、もと楽苦を異《こと》にす
暗《あん》は上中《じょうちゅう》の言《こと》に合《かな》い
明《めい》は清濁《せいだく》の句を分《わか》つ

【訳】　人間が対象として知覚することのできるあらゆる現象世界のうち、われわれの目に映《うつ》るものについては、もともとその対象物の本体そのものと、その本体の影像《えいぞう》という区別をすることが可能である。たとえば、耳に聞こえる音声についていえば、心地よい感じを与えるものと、反対に不快な感じを抱かせるもの、という区別ができるのだ。

しかし、対象物は、このような人間の感覚の上からは相《あ》い反する面をもってはいるが、本来的にはすべて平等なのである。なぜならば、目に映《うつ》るものは、もとの形がなければ影はできないし、耳に聞く音声も、そのもの自体にはけっして快も不快もないからである。つまり、本質的なものと現象的なものとは、しっくりと平等一体という関係にあるのだ。


前段で読みました四句の第一句は「門門、一切の境《きょう》……」でしたね。この「一切の境」というのは、私たち人間が知覚する対象のことでした。今回はその「境」の中で、目と耳という最も重要な感覚機関の対象であります形象と音声について、区別イコール平等という道理を述べた一段であります。

語句については、「色《しき》」とは形あるもののことをいい、色彩ではありません。「質像」は形とその影のこと。「明・暗」については、前段でくわしく述べました。また「上中の言《こと》」と「清濁《せいだく》の句」は同義異語ですから、ともに区別される言句《ごんく》というほどの意味です。

ですから、この四句は比較的やさしい一段といえますね。右にあげた現代語訳だけでも、意味は一応お分かりでしょう。ただ、モノの「形状と影」ということについては、問題にすればいくらでもテーマがあります。

いうまでもなく、形あるものに影ができるためには、必ず光源からの光を必要とします。光線の強弱や方向によって、それは大きく変化します。カメラで同じ仏像を撮影しても、素人と本職とでは、まるで出来上がりがちがいますね。なぜでしょうか？　それは、写真家の方はあらゆる方角から光を照射して、「ここだ！」という一点を突き止める。その時に切ったシャッターの一コマが秀作となりうるのだ、という話をプロの方から聞いたことがあります。

人が感動する瞬間、それはこころの琴線にふれる一瞬ですが、その一瞬の発見に、専門家は長い時間と辛苦を惜しまないのですね。私は還暦の記念に北アルプスの雄峯、剣《つるぎ》・立山を登った時、たまたま著名な山岳写真家の方と出遭《であ》い、希有《けう》の写真を撮るために富山市に住居を移し、台風の来襲する前後に危険を冒して登って撮ると、すばらしい成果があるのだという話を聞きました。秀作とされる芸術品には、みなこうした見えない命がけの大きな「影」の部分があるのですね。でも、山がなければ雲もかからず陰影もできません。つまり、本体は山そのものの存在なのであります。

音声についても、これを耳にする人によって、同じ音声でも快・不快の個人差があります。ふだん、名曲を聞いて腹を立てる人は、ほとんどいないでしょう。乳牛は名曲で乳の出がよくなるそうですし、ペットの動物に優しい声かければ喜ぶように、聞く耳に心持よい音声が生物全体によい結果をもたらすのは、れば不思議ですね。無生物の水ですら、優しい言葉によってすばらしい結晶体になるという説があるほどです。反対に、騒音や戦火の音などがイヤなのは当然で、るだけですね。もっとも、不快指数というのはだいたい温度や湿度すが。ともあれ、音声そのものには、もともと分別的な快も不快もなく、なのであります。

にっ素）はそれぞれ特性を保っている

四大《しだい》の性《しょう》、おのずから復《ふく》す
子《こ》の其《そ》の母を得《う》るがごとし
火《ひ》は熱《ねっ》し、風《かぜ》は動揺《どうよう》
水《みず》は湿《うるお》い、地《ち》は堅固《けんご》

【訳】 地《ち》・水《すい》・火《か》・風《ふう》という四つの元素は、それぞれ和合して世界に存在するすべての物質を構成しているのであるが、それらの本体は、それぞれみずから独自の特性を保っているのであって、他の元素と混同するようなことはない。それはあたかも、人ごみの雑踏の中でも子供が母親をちゃんと誤りなく見分けて、しっくりと落ち着くようなものである。

四つの元素が具体的にその特性を保っているさまは、火《か》は熱いという特質を保持し、風《ふう》は動くという性質を、水《すい》は湿っているという性質を、地《ち》は堅いという性質を、それぞれしっかりと保持しているのだ。

前段の要旨を承《う》けながら、この四句の一段では、スケールを大きく地球規模にまで広げた論述っています。つまり、すべての物質を構成する四大元素が、そのままでおのおの独自のアイ
難解な言ィーを保ち、それぞれ特性をもっていることを述べ、区別や差異の価値を論じている
ことで、があります。つまり、ここは事物に見られる不回互《ふえご》というあり方の真実相を述べ
地・水・火）。
述べられている通りです。
・風《し》大《だい》」ぐらいですか。これは、仏教では一切の物質を構成する元素の
「大」とされています。これら四つの性質については、後半の二句で
のは元素という意味です。また、「子の其の母……」とは、

何か中国の故事があるのかも知れませんが、よく分かりません。でも、右に意訳したような意味で大差はないでしょう。

ところで、この段は「四大」がテーマですから、もう少しくわしく考えてみましょう。だいたい、「四大」は中国では仏教伝来以前の大昔から「四つの大いなるもの」という意味で、盛んに用いられてきました。古典『老子』では、道・天・地・主が「四大」として有名であります。こうした影響もあって、一般社会では四大家・四大師・四大鎮・四大奇書・四大書院・四大蔵書家と、いくらでもあげられますね。これに対して、日本は名勝でも景観でもみな「三大」であり、そこには文化の差異があるのです。

さて、仏教の四大は四元素ですが、考えてみますと、よくも地・水・火・風に分類したものよ、と感心いたします。これはもちろん顕微鏡などによる科学的物質的分類ではなく、いわば性質的分類といってよいものでありますが、すべての存在物はこの四大がよく調和して成り立ち、満足なはたらきをするというのです。ですから、これが不調になると、物質は壊れ、人間ならば病みます。病気のことを〝四大不調〟というのはそのためですから、この言葉にはきわめて東洋的な身体観や文化のかおりがこめられています。ですから仏教界だけでなく、もっと広く用いられるべき言葉でありましょう。

物質の破壊については、すでに環境破壊という地球規模の問題によって、私たちは日常イヤというほど認識されていますね。温暖化による因果関係がもたらした、人間を含むあらゆる動植物の生態系への悪影響については、いまさらいうまでもありません。それはといえば、ほとんどが人間のエゴに原因しているのですから悲しくなります。

ところで、この『参同契』で説かれる四大の不回互というのは、四大が調和しつつ、それらを構成する一々の元素が、みずからの立場を失わずにそれぞれアイデンティティーを保持しているという道理を述べているのですから、それはけっして悪い意味などではありません。宇宙や地球の実相は、常に善悪をこえているのです。問題は、人間がみずからのエゴのために、四大のうちの何かを突出させたり沈滞させたりして、全体調和のバランスが著しく壊してしまう結果を招いたことであります。地球規模での環境の破壊は、容赦なくそこに生きる人間にふりかかっています。まさに因果業報の道理が、これほど身近に感じられる問題はないでありましょう。私たち仏教者は、身をもってその恐ろしさを説き、できることから改善への実践をしなくてはなりません。

六根《ろっこん》と六境《ろっきょう》は、それぞれ独立している

眼《まなこ》は色《いろ》、耳は音声《おんじょう》
鼻は香《か》、舌は鹹酢《かんそ》
しかも一一《いちいち》の法において
根《ね》によって葉《は》分布す

【訳】人間が事物を感覚する器官には、眼・耳・鼻・舌・身・意という六つ（六根）があり、それらの対象物は、色《しき》・声《しょう》・香《こう》・味《み》・触《そく》・法《ほう》という六つ（六境）に分けられる。そして、右のうちの眼は色と対応し、耳は声と、鼻は香と、舌は味と、それぞれ対応している。ところが、その対応関係については、六根と六境の一つ一つが、みなそれぞれ、みずからの役割を担い地位を保っていて、他のものの個別的な領域を侵すことはなく、それぞれみな独立自存しているのだ。これを一本の樹木にたとえれば、根も葉もそれぞれの役割や特性をしっかりと守りながら成育しているように、すべての器官もそれぞれ独自の価値を発揮しているのだ。

前段が地球規模の論述であったのに対して、ここの四句はその地球上に生きる人間が、日常的に感覚する際の原理についての論及であります。ですから広くみれば、この一段も前段と同じように、感覚作用についての不回互の実相が説かれている、といってよいでしょう。

語句については、「眼・耳・鼻・舌」は六根のうちの四つをあげて、他の身・意を省略しているのです。同じように、「色・声・香・鹹酢《かんそ》（味）」は六境のうちの四つであって、他の触・法の二つを省いているのであります。

さて、本段が人間の感覚作用というからには、私たちにとってはいちばん身近な問題ですね。特に、具体的な眼や耳のはたらきが他の領域を侵さず、おのおのアイデンティティーを保っているということを考えてみましょう。たしかに、目で音声を聞くことはできません。同様に、耳でモノを見ることはできません。だがしかし……、禅門ではよくこころでモノを見、声を聞けといいますが、いったいこれとは矛盾しないのでしょうか。

唐代の錚々《そうそう》たる禅匠たちの中で、皇帝に道を説いたことから慧忠《えちゅう》国師として知られる方がいました。石頭《せきとう》さまよりはやや先輩で、六祖さまの法嗣《はっす》です。この国師には、有名な「無情説法」の教えがあります。草や木のような無生物でも法を説くということ。その説法を聞きたければあなた自身も無生物になりなさい、と国師は教えます。のちに洞山さまは、この奥義を知るために、苦心惨憺《さんたん》の末、師の雲巌《うんがん》さまからの教示を受けてお悟りを開き、「耳で声を聞こうとしても聞こえぬ、眼で声を聞いて初めて知ることができるのだ」という〝目ざめのうた〟を詠っています。こうしてみると、声を眼で聞く世界は、こころの深さによる全身的な感覚作用といえるでしょう。目の不自由な方が聞く音声、耳が不自由な方の眼は、それぞれがもう個々の器官ではなく、全身が目であり耳でありますす。まさに観音さまの耳目《じもく》なのですね。禅門では、このようないのちをあげたはたらきが尊ばれるのですが、それでもなお六根はそれぞれの個別的な領域が厳然として存在し、独自性という普遍的な価値を保っていることは、私たちの常識からして疑いようはないでしょう。

根本に立ち帰る

本末《ほんまつ》、すべからく宗《しゅう》に帰《き》すべし
尊卑《そんぴ》、其《そ》の語を用《もち》ゆ

【訳】あらゆる事物や人間の生きるはたらきについて、区別（差異）イコール平等、平等イコール区別（差異）という道理を明らかにした上は、世界や人生の真実相を究めるにはいったいどうすればよいか。それは、前に述べた本源と支派、真理と現実、という根本のところに立ち帰らなければならない。なぜなら、本源とか支派とかいっても、それは所詮、高く深い仏心の中から現出していて、それをさまざまな言葉で表現したものだからだ。

この二句はやさしく簡単であります。語句では、「本末」とは前にありました「霊源」と「支派」、つまり仏心とその流伝のことです。また、これも以前の「回互」と「不回互」とみてもよいでしょう。つまり、平等面と区別（差異）面のことであります。また、「宗」は根本的な宗旨という意味ですが、ここではより具体的に大仙のこころ、つまり釈尊による悟りのこころである仏心を意味しています。「尊卑」は右の「本末」と同義であって、けっして人間同士の差別関係などをいっているのではありません。

このようにみると、この一段は詩の全般にわたって中心的なテーマとなっている詩名そのものの「参同契」という道理が、たんに高遠な哲学や思想ではなく、あくまで宗教的な「仏心」に帰せられているという主張を、私たちは肝に銘じなければなりませんね。本書はまさに仏心の中国的な誦詠なのであります。

【第四講】

区別イコール平等

明中《めいちゅう》に当《あた》って暗《あん》あり
暗相《あんそう》をもって遇《あ》うことなかれ
暗中《あんちゅう》に当って明あり
明相をもって観《み》ることなかれ
明暗おのおの相対《あいたい》して
比《ひ》するに前後の歩みのごとし

【訳】　これまでは、全世界のあり方について、全体がしっくりと円融し平等である面と、逆に、一つ一つの現象がそれぞれ独立し区別区分される様子について述べてきた。しかし、区分される現象世界の中にあって、また平等という一面がそなわっているのだから、けっして平等の方面だけに片寄った見方で、世界全体を見てはならないのである。

ちょうどこれと同様に、平等な方面の中には、また個々の区分される面もそなわっているのだから、けっして区別区分の面だけに片寄った見方で、世界全体を見てはならないのだ。

このように、全世界は、平等の面と区別される面との両者が、ともに不離一体でしっくりと密接した関係にあるのだから、それをたとえていうと、人間が歩く際には、前後の足がたがいに相い支え助け合って、初めてスムーズに歩行することができるようなものなのである。

ここの個所は、六行の句でもって一つの節をつくり、明・暗という考え方によって、理論的に「区別イコール平等」という道理を詠《えい》じているのであります。誰でも一目瞭然に分かりますように、第一行と第三行、第二行と第四行が、それぞれみごとな対句をつくっていますし、また、その思想的な関係について、第五行と第六行との具体的な分かりやすい事例を示すことによって、全体をピシッとまとめているのはさすがですね。ですから、この一節六行は声をあげて読誦《どくじゅ》しますと、そのリズミカルな歯切れのよさに、思わずウットリするようなすばらしい個所なのであります。どうぞ声を出して読んでみてください。

用語については、特にむつかしいものはありません。「明」は個々の現象のことで、区別や区分ができる世界だということですし、「暗」は絶対不変の真理であり、平等一色の世界だということを、それぞれキチッと理解さえしておけば、誰にでもよく理解し、うなづけるところですね。ただ、こういった抽象的な概念といいますか、哲学的な思想がこめられている文脈こそは、じつは『参同契』の特徴的な性格なのではありますが、こんな文体は、はっきりいって好きな人と嫌いな人に二分されるでしょう。何をかくそう、わたくしなどは、こういった文面はとても苦手なのであります。ですから、どうしても理解したい場合は、具体的な事例にあてはめて考えるようにしております。

たとえば、こんな事例はどうでしょう。「明中に当って暗あり」は、春に桜は花の一ひら一ひらが懸命に咲き、新緑の若葉の一枚一枚が全力で開くすがたが、そのまま絶対平等の春という時節を形成しているというように。また、洞山さまの『宝鏡三昧《ほうきょうざんまい》』にも出てきますが、昼間の明るい日ざしのもとではハッキリと区別できる個々の現象も、夜のとばりにつつまれた中では黒一色の平等世界になるというふうに。これならばよく分かりますね。

反対に、「暗中に当って明あり」は、早朝しずかに夜が明けた状態の現象世界でもよいし、また、夏という絶対平等の暑い季節の中味が、じつはギラギラと照りつく太陽、入道雲、大雷雨、涼風、など個々の現象が運行するありさまなのだ、と理解してもよろしいでしょう。

こうしてみますと、明と暗との関係は明瞭になりますが、そんな関係のことを「回互《えご》」(=円融)とか「不回互《ふえご》」(=独立)というのは、すでに前段で見た通りです。そして、わたくしたちの最も卑近な日常体験であります歩行を例にとって、この回互・不回互の関係を説明しているのはみごとですね。

皆さん、歩行がスムーズに運べるのは、けっして当り前のことではありません！　障がいなどで歩行が不自由になって、それで初めて自覚できるのであります。わたくしも中年で痛風を患った時、初めてイヤというほどそれを味わいました。若い時にあれだけ自転車通学(八キロを七年間)や山歩きで鍛えたのに、これからはもう満足に歩けなくなるのかと。さいわいにも復活できたのですが、お陰で人生がチョッピリ豊かになりました。そうしますと、このようにむつかしい哲理でも、自分なりに具体化してこころの糧《かて》にすることが、ほんとうに書物に親しむということではないでしょうか。

現象と平等な真理とは密接不離

万物《ばんもつ》、おのずから功《こう》あり
当《まさ》に用《よう》と処《しょ》とを言うべし
事《じ》、存すれば函蓋《かんがい》合《がっ》し
理《り》、応ずれば箭鋒《せんぽう》拄《さそ》う

【訳】 宇宙に存在するあらゆるものは、それぞれがほかのものによって取り替えることのできないいのちのはたらきを、そのものの中におのずから具《そな》えているのである。だからこそ、あらゆるものは、そのはたらきと存在意義とを、必ず発揮すべきなのである。

また、すべての現象世界の事象に平等な真理が具わっているありさまは、たとえていえば、箱とふたがピッタリとしまるようなものである。同様に、真理と現象世界が合致するありさまといえば、あたかも弓の名人の紀昌《きしょう》と飛衛《ひえい》との両者が同時に射た矢じりが、空中でピタッと的中したようなものである。このように、個々の現象と平等な真理とは、じつに密接不離の関係にあるのだ。

この四句は、正宗分《しょうしゅうぶん》（本文）のまとめであります。つまり、前の二句では大地万物のすべてについて、区別や区分ができる事物類の独立している絶対的な価値が説かれ、後の二句では、その独立事物と平等真理とが、じつは不離一体であることを、巧みなたとえで示しています。

用語も、さしてむつかしくはありません。「功」とははたらきや機能のこと。「用」もはたらきや作用。「処」は位置や立場のことをいいます。「事・理」は前にもありました。「函蓋《かんがい》」は箱とそのふた。「箭鋒拄う《せんぽうさそ》」は右に意訳をしましたが、これは古典の『列子《れっし》』湯問篇《とうもんへん》に出ている有名な故事であります。『宝鏡三昧』にもまた「箭鋒あい値う《あ》……」と引かれていますね。

これは、中国古代に弓の名人飛衛についての技術を究め尽くした弟子の紀昌が、師の飛衛さえいなければ自分が天下無双だからと、師を殺そうと謀《はか》り、たまたま野原で出合った師に向かって矢を射た。そこで飛衛もこれに相い対して矢を射たところ、空中で双方の箭鋒（矢じり）が出合って地に落ちた、という妙技物語です。ちなみに、紀昌は師に前非を謝して許され、両者は倍旧の深い師弟になったといいます。よかったですね。

この弓の妙技は人間ばなれした驚異的な物語ですが、函蓋が合するほうは現実にあることです。このフタと中味は、いわゆるかぶせ蓋《ぶた》のつづら様式ですから、上手につくられた桐箱などは吸いつくように密着し、接点がどこだか分かりません。指物師《さしものし》の話では、箱ぐらい造るのがむつかしいものはないとのことです。なにしろ二つのものが、そのままで一つになるのですから。

そこで禅門では、指導する師と修学する弟子との機縁がピタリときまることを、この「函蓋合す」の言葉で表現する場合もあります。まさに、理想的な人間教育のあり方ですね。

ところで、本文の「函蓋合し」や「箭鋒拄う」は、けっして無条件の結果なのではありません。つまり、「事、存すれば」は「事に理が存すればこそ」の意味であり、「理、応ずれば」は「理の中に事が応ずればこそ」の意味だからであります。人生のしがらみの中に仏さんがあるからこそ、努力精進によってそのしがらみが越えられるのであります。『修証義』の冒頭にある「生死《しょうじ》の中に仏あれば」こそ「生死なし」なのですね。ですから、ここでは現象世界をA、真理や平等の理をBとすれば、それぞれAの中にB、Bの中にAがそなわっているからこそ、その時、初めて二が一になっているのだ、と説き詠じているのであります。それはちょうど、先ほどの明と暗との関係とよく似ていますが、事と理の場合は、より思想的な意味合いが強い表現ということがいえましょう。

今ここにこそ道がある

言《こと》を承《う》けては、すべからく宗《しゅう》を会《え》すべし
みずから規矩《きく》を立《りっ》することなかれ
触目《そくもく》、道《どう》を会《え》せずんば
足を運ぶも、いずくんぞ路《みち》を知らん
歩《あゆみ》をすすむれば、近遠《ごんのん》にあらず
迷《まよ》うて山河《せんが》の固《こ》をへだつ
謹《つつし》んで参玄《さんげん》の人にもうす
光陰、虚《むな》しく度《わた》ることなかれ

【訳】 以上は仏法の要旨《かなめ》について述べてきたが、いやしくも仏法を学ぼうとする者は、教説《おしえ》を受けたからには、その言葉の末節などにとらわれず、仏道修行の根本である宗旨を会得《えとく》しなければならない。だが、その宗旨は、かりそめにもおのれの尺度ではからってはならない。

いったい、仏教の大道はわれわれの目の触れるところにあり、仏道がすぐ足元にあるのを会得しなかったならば、道を求めていかに精進しても、どうして仏道とピッタリ契《かな》うことがあろう。求道の歩みをいくら進めても、迷って道に遠ざかってしまい、目的地には到達することができないのだ。

それゆえに、仏道を参学する学生諸君に厳しく申しあげる。ほかならぬ今ここにこそ道があるのであるから、けっしてゆめゆめ一刻たりともゆるがせにしてはならない。


いよいよこの八句は、『参同契』を結ぶ末句ですが、構造の上からは流通分《るづうぶん》（結論）といわれています。これまでの説示をまとめて総括するとともに、修行者に対する懇切な訓誡の言葉が述べられているのです。

語句としては、「宗《しゅう》」は根本真理や宗旨。「規矩《きく》」は、規は円を描くブンマワシ、矩は方形を描く金差《かなざし》のことをいいますが、ここでは型にはまった紋切り型の学説や主張という悪い意味で用いられています。「触目」は目にふれるもの。「固」は障がい。「参玄の人」は仏道の玄旨に参ずる人、つまり、仏道修行者のことをいいます。でもこれは、僧俗にかかわらず、仏法を身につけて生きてゆこうとする人びと一般を対象としている、と受けとめてよろしいでしょう。こんにち日本の実状では、怠惰《たいだ》な僧よりも真に仏道を歩んでいる在俗者のほうが、はるかに「仏道修行者」にふさわしいのですから。

さて、最初の二句で、学徒は教説の言葉などにとらわれず、まっしぐらに根本的な宗旨《ごくい》を会得せよ、とはいわゆる「教外別伝《きょうげべつでん》」の極意たる仏心の自覚をうながす親語であります。重要なのは、そのために自分本位の規矩《ルール》を立ててはならぬ、という訓誡ですね。これは、宗派的なことでは本書の冒頭で「道に南北の祖なし」と喝破《かっぱ》し、南北両宗のアツレキを批判した言葉と連動するものでありましょう。

また、個人的には、我見にこだわることへの誡《いまし》めであります。道元さまは『学道用心集』で、「もし己見《こけん》に同ぜば是《ぜ》となし、もし旧意に合《かな》わざれば非となす」ような姿勢では、学道に遠ざかると示されていますし、良寛さんもこの言葉を再三にわたって詩の作品にとり入れています。

たとえば、車の運転の時に、「皆がやっているんだからいいんだ」と理屈をつけて交通違反を肯定したり、自分の意見と異なる人を「あいつは変わり者だ」ときめつけるようなわがままが、わたくしたちにはないでしょうか。それが少しでもあるとすれば、求道《ぐどう》には遠くなるという祖師がたの誡語に、すなおに耳を傾けなければなりませんね。

「触目、道を会せずんば……」以下の四句も、分かりやすい語句ながら、深い哲理や思想につつまれています。仏道は足元にある、という即物的な教えをみても、これはけっして南宗禅の創出などではありません。やはり古典の『孟子』の中に、「道は邇《ちか》きにありて諸《これ》を遠くに求め、事は易《やす》きにありて諸《これ》を難《かた》きに求む」という教えが見られます。筆者の大好きな語句の一つです。足元の問題こそは、人間がブレずに生きるための基盤なのですね。

ただ、唐代の禅者たちは、こういった教えを最も身近な日常茶飯事の生活に則した言動で示したところに新しさがあり、人びとを惹《ひ》きつけたのです。それはなにも修学者だけにとどまるものではありません。

こうした理念によって生きる人びとには、一日一日、一瞬一瞬が、生き生きとした精彩を放ってきます。光陰という時の流れに身を任せるのではなく、大切な光陰のいのちを、ほかならないこのわたくしが、あなたがつくり出し、そして相続してゆくのですね。『参同契』一篇は、そうした創造と希望とを与えてくれる不朽の名詩（名偈頌）といってよいでありましょう。

やさしく読む『宝鏡三昧』

『宝鏡三昧《ほうきょうざんまい》』〈原文〉

如是之法　仏祖密付
汝今得之　宜能保護
銀盌盛雪　明月蔵鷺
類而不斉　混則知処
意不在言　来機亦赴
動成窠臼　差落顧佇
背触倶非　如大火聚

〈訓読文〉

如是《にょぜ》の法、仏祖密《ぶっそみつ》に付《ふ》す。
汝今《なんじいま》これを得《え》たり。宜《よろ》しく能《よ》く保護《ほうご》すべし。
銀盌《ぎんなん》に雪《ゆき》を盛《も》り、明月《めいげつ》に鷺《ろ》を蔵《かく》す。
類《るい》して斉《ひと》しからず、混《こん》ずる則《とき》んば処《ところ》を知る。
意《こころ》、言《こと》に在《あ》らざれば、来機《らいき》亦《ま》た赴《おもむ》く、
動《どう》ずれば窠臼《かきゅう》を成《な》し、差《たが》えば顧佇《こちょ》に落《お》つ。
背触倶《はいそくとも》に非なり、大火聚《だいかじゅ》の如《ごと》し、

但形文彩　即属染汚
夜半正明　天暁不露
為物作則　用抜諸苦
雖非有為　不是無語
如臨宝鏡　形影相覩
汝是非渠　渠正是汝
如世嬰児　五相完具
不去不来　不起不住

但《た》だ文彩《もんさい》に形《あら》わせば、即《すなわ》ち染汚《ぜんな》に属《ぞく》す。
夜半正明《やはんしょうめい》、天暁不露《てんぎょうふろ》、
物《もの》の為《ため》に則《のり》と作《な》る、用《もち》いて諸苦《しょく》を抜《ぬ》く。
有為《うい》に非《あら》ずと雖《いえど》も、是《こ》れ語《ご》なきにあらず。
宝鏡《ほうきょう》に臨《のぞ》んで、形影《ぎょうよう》相《あ》い覩《み》るが如《ごと》し。
汝《なんじ》、是《こ》れ渠《かれ》に非ず、渠《かれ》、正《まさ》に是《こ》れ汝。
世の嬰児《ように》の、五相完具《ごそうかんぐ》するが如し。
不去不来《ふこふらい》、不起不住《ふきふじゅう》。

婆婆和和　有句無句
終不得物　語未正故
重離六爻　偏正回互
畳而成三　変尽為五
如荎草味　如金剛杵
正中妙挟　敲唱双挙
通宗通途　挟帯挟路
錯然則吉　不可犯忤

婆婆和和《ばばわわ》、有句無句《うくむく》。
終《つい》に物《もの》を得《え》ず、語未《ごいま》だ正《ただ》しからざるが故に。
重離六爻《じゅうりりっこう》、偏正回互《へんしょうえご》。
畳《たた》んで三と成《な》り、変《へん》じ尽《つ》きて五《ご》と為《な》る。
荎草《ちそう》の味《あじ》わいの如く、金剛《こんごう》の杵《ちょ》の如し。
正中妙挟《しょうちゅうみょうきょう》、敲唱《こうしょう》、双《なら》べ挙《あ》ぐ。
宗《しゅう》に通《つう》じ途《と》に通ず、挟帯挟路《きょうたいきょうろ》。
錯然《しゃくねん》なる則《とき》んば吉《きつ》なり、犯忤《ぼんご》すべからず。

天真而妙　不属迷悟
因縁時節　寂然昭著
細入無間　大絶方所
毫忽之差　不応律呂
今有頓漸　縁立宗趣
宗趣分矣　即是規矩
宗通趣極　真常流注
外寂内揺　繋駒伏鼠

天真《てんしん》にして妙《みょう》なり、迷悟《めいご》に属せず。
因縁時節《いんねんじせつ》、寂然《じゃくねん》として昭著《しょうちょ》す。
細《さい》には無間《むけん》に入《い》り、大《だい》には方所《ほうじょ》を絶《ぜっ》す。
毫忽《ごうこつ》の差《たが》い、律呂《りつりょ》に応《おう》ぜず。
今、頓漸《とんぜん》あり。宗趣《しゅうしゅ》を立《りっ》するに縁《よ》って、
宗趣《しゅうしゅ》分《わか》る。即《すなわ》ち是《こ》れ規矩《きく》なり。
宗《しゅう》通じ趣《しゅ》極《きわ》まるも、真常《しんじょう》流注《るちゅう》。
外《そと》、寂《じゃく》に、内《うち》、揺《うご》くは、繋《つな》げる駒《こま》、伏《ふく》せる鼠《ねずみ》。

先聖悲之　為法檀度
随其顛倒　以緇為素
顛倒想滅　肯心自許
要合古轍　請観前古
仏道垂成　十劫観樹
如虎之欠　如馬之馵
以有下劣　宝几珍御
以有驚異　狸奴白牯

先聖《せんしょう》、之《こ》れを悲《かな》しんで、法の檀度《だんど》と為《な》る。
其《そ》の顛倒《てんどう》に随《したが》って、緇《し》を以《もっ》て素《そ》と為《な》す。
顛倒想《てんどうそう》、滅《めっ》すれば、肯心《こうしん》、自《みずか》ら許《ゆる》す。
古轍《こてつ》に合《かな》わんと要《よう》せば、請《こ》う、前古《ぜんこ》を観《かん》ぜよ。
仏道《ぶつどう》を成《じょう》ずるに垂《なんなん》として、十劫《じっこう》、樹《じゅ》を観《かん》ず。
虎《とら》の欠《か》けたるが如く、馬の馵《よめ》の如し。
下劣《げれつ》有《あ》るを以《もっ》て、宝几珍御《ほうきちんぎょ》。
驚異《きょうい》有るを以て、狸奴白牯《りぬびゃっこ》。

羿以巧力　射中百歩
箭鋒相値　巧力何預
木人方歌　石女起舞
非情識到　寧容思慮
臣奉於君　子順於父
不順不孝　不奉非輔
潜行密用　如愚如魯
只能相続　名主中主

羿《げい》は巧力《ぎょうりき》を以て、射《い》て百歩《ひゃっぽ》に中《あ》つ。
箭鋒《せんぽう》相《あ》い値《お》う、巧力《ぎょうりき》、何《なん》ぞ預《あず》からん。
木人《ぼくじん》、方《まさ》に歌《うた》い、石女《せきじょ》、起《た》って舞《ま》う。
情識《じょうしき》の到《いた》るに非《あら》ず、寧《むし》ろ思慮《しりょ》を容《い》れんや。
臣《しん》は君《きみ》に奉《ぶ》し、子《こ》は父《ちち》に順《じゅん》ず。
順《じゅん》ぜざれば孝《こう》にあらず、奉《ぶ》せざれば輔《ほ》に非《あら》ず。
潜行密用《せんこうみつよう》は、愚《ぐ》の如く魯《ろ》の如し。
只《た》だ能《よ》く相続《そうぞく》するを、主中《しゅちゅう》の主《しゅ》と名《な》づく。

【第一講】

『宝鏡三昧《ほうきょうざんまい》』とは

『宝鏡三昧』という作品は、一般の方にとっては仏教にかなり深い知識のある方でも、残念ながらなじみの薄い書名ではないでしょうか。ところが一方、全国にある曹洞宗の約一万五千のお寺では、毎朝のお勤めのうちの「仏祖諷経《ぶっそふぎん》」（禅門の伝灯の祖師やお寺のご開山さま、歴代住職に対するご供養の読経）をはじめとして、開山忌・先住忌などの大切な法要の際には、必ずといってよいほど『宝鏡三昧』は『参同契《さんどうかい》』とともにお経として読まれているのです。つまりそれほど、宗門では重要にあつかわれている作品なのであります。

たしかに歴史的にみても、これら二つの作品に対しては、特に日本では昔からたくさんの注解書がつくられていますし、また、これらの作品をテキストとして禅旨を開演した、提唱《ていしょう》という一種の講義録も少なからず伝えられています。このようなことからみますと、曹洞宗ではいかに昔からこれらの両作品が重んじられ、長い伝統をもっているかが分かりますね。それは、いったいなぜなのでしょうか。

その理由としてあげられるのは、まず第一に『宝鏡三昧』は中国唐代の洞山良价《とうざんりょうかい》禅師（八〇七〜八六九）による著作とされているからです。洞山さまは、そのお弟子の曹山本寂《そうざんほんじゃく》禅師（八四〇〜九〇一）とともに、唐代末期ごろには曹洞宗の宗名として呼ばれるようになる、いわば宗祖の地位にある方であります。また、『参同契』は洞山さまから三代さかのぼったお祖師さまである、石頭希遷《せきとうきせん》禅師（七〇〇〜七九〇）の著作だからであります。

石頭さまは、まだ曹洞宗という宗名が用いられる以前に活躍されていた祖師ではありますが、曹洞宗の系譜に直接つらなるお祖師さま、という大変親しい関係にあります。ですから、石頭さ

曹洞宗略系図

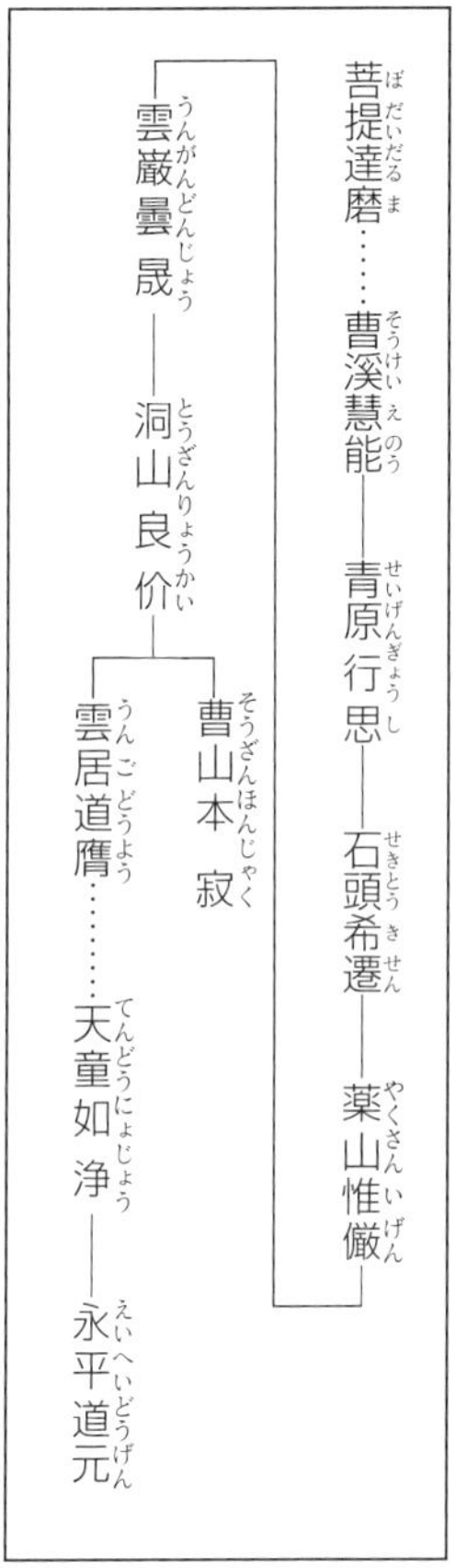

まの著作であります『参同契』も、曹洞宗では特に重んじられてきた、とこういうわけなのであります。

ただ、それだけではありません。第二の理由としては、これら二つの作品ともに思想内容的にはじつに深い禅的な玄旨をもっていて、唐代の禅門でつくられた、それこそ何百何千ともしれない数の偈頌《げじゅ》（仏教的な詩）作品の中でも、白眉《はくび》ともいえるほどのすぐれた作品であるからであります。なるほどいくら曹洞宗系統に属する祖師の作品だからといっても、もしも内容がありきたりであったとすれば、けっして高い評価を受けないことは、申すまでもなく、今日まで伝存しなかったでありましょう。また、そのほかにも、両作品とも暗記しやすいリズミカルな韻文《いんぶん》の作品であることも、人びとに親しまれてきた要因の一つといってよいでしょう。

『宝鏡三昧』は韻文作品

ところで今ここにとりあげる『宝鏡三昧』の作品は、原文の漢字でいうと四言×九四句、つまり合計三七六字によって構成されています。ちなみに、『参同契』は五言×四四句で二二〇字ですから、『宝鏡三昧』のほうが文字数では約一・七倍ということになります。たしかに、これを私たちが日常読んでいますと、『宝鏡三昧』のほうが長いことは実感していますが、なんと一・七倍もあるのですね。

それはともかく、いずれも韻文でありますから、漢詩の中では型破りといわれる偈頌の作品であっても、詩作のための基礎的なルールはキチッと守られているのです。つまり、『宝鏡三昧』は四言×四句＝一六字、これで一節を構成し、こうした一節が六つから成っています。ですから、各節はそれぞれ独立し、それだけでも一応意味が通じるようになっているのですね。そして、各節の末尾の文字に韻がふまれているのです。それは、発音の分類では「六魚《りくぎょ》」と「七虞《しちぐ》」のグループに入る文字が用いられています。この二つのグループに属する文字は、たとえば初・居（ともに六魚）と株・湖（ともに七虞）のように、発音が近いために互用される「通韻《つういん》」という関係にあります。ですから、全体を中国音で通読してみますと、やはり散文とはちがうリズミカルな音になっていることに気がつきます。これが韻文作品の特徴なのですね。

そのために、『宝鏡三昧』には昔から「歌」の字がつけられて、『宝鏡三昧歌』とも呼ばれているのですが、おそらくは、これが本来の題名だったと考えられます。唐代の偈頌作品のうち、「歌」といえば「歌曲」の意味であって、もともとは声を出し節をつけて吟詠するための歌詞であります。禅門では、唐代以降こうした韻をふんだ四言・五言・七言などの偈頌作品がたくさんつくられていますが、これは禅の悟りの境地を端的にうたいあげると同時に、また、先生（師家《しけ》）

が学生（修行者）を指導するために簡素な詩形が好んで用いられた、などの理由によるものであります。

こうした偈頌作品のうち、比較的長い部類の作品には、「銘」や「吟」や「歌」などの名がつけられています。そして、これらはみな声をあげて高らかに朗吟し歌詠されたものでした。ただし、残念なことには、今日それらの音譜はまったく伝わっておりません。『宝鏡三昧』がいったいどんな曲でうたわれたのかは、大変興味がありますね。その内容から推察すると、おそらくは低音を主体とする荘重な曲だったのではないでしょうか。

ついでながら、これまで禅宗の偈頌作品については、学者によってかなり多くの研究がなされてはいます。ですが、その多くは、偈頌の特長、発生した背景や理由、内容による分類、宗派的な特徴など、歴史や文学的方面についての研究ばかりであって、朗吟や歌詠などの声楽的な方面については、まだ未検討の分野のようです。むろん、歌詞をうたうには作曲が必要です。

こう考えてきますと、わたくしは、発声という聴覚をとおして情緒的にうったえる偈頌類のもつ大衆性が、禅の伝播や布教とどう関わってきたのかについて、大いに興味がそそられてきます。日本でも、白隠《はくいん》さんや天桂《てんけい》さんにはさまざまな歌の作品がありますが、あまりとりあげられておりません。ですから、こんな方面の検討は、唐代にかぎっても、おそらくは仏教の伝道史を視野に入れたダイナミックな研究となるでしょうが、今後、大いに望まれるところです。

さて、次にはいったい『宝鏡三昧』は、どのような経緯でもって現在にまで伝わってきたのかということについて考えてみましょう。なぜなら、現在曹洞宗で読まれている通行本というテキストは、曹洞宗宗務庁から刊行されている経典式の折本ですが、古い中国のそれや、日本の中世時代のテキストとは僅少ながら使用文字に違いがあるのです。どうしてそうなっているのでしょうか。

『宝鏡三昧』の由来

いったい、『宝鏡三昧』は唐代の洞山さまによる著作とされていますが、洞山さまの古い伝記類の中には本書に関する記載などは見あたりません。もっとも、洞山さまには単独の伝記などは伝わらず、大勢の禅僧たちの伝記や語録などを集めてまとめた書物ではありますが、示寂《じじゃく》後九〇年以上経った『祖堂集《そどうしゅう》』（九五二年）や『景徳伝燈録《けいとくでんとうろく》』（一〇〇四年）のそれぞれ洞山条の中には、洞山さまには偈頌の作品があった、という記事が見られるだけなのです。

こうしたこともあって、『宝鏡三昧』の著者をめぐっては、古くから異説がありました。洞山さまのほかに、そのお師匠さんの雲巌曇晟《うんがんどんじょう》禅師（七四二〜八四一）の作とする説、そのまたお師匠さんの薬山惟儼《やくさんいげん》禅師（七四五〜八二八）だという説です。つまり、薬山―雲巌―洞山という師弟三代について、本書の著者とする異説があるのですね。

しかし、日本では江戸時代に本書の著者をめぐる若干の論争があったものの、しだいに洞山さまの著作として認められるようになります。なるほど、それには洞山さまには中国曹洞宗の宗祖としての著作があるべきだ、という宗派上の要請もあったことでしょう。しかし、それよりも客観的に見てみますと、本書には内容的に古い唐代の要素があることや、五位《ごい》（曹洞宗の思想的な特徴の一つ）や易《えき》の思想が見られるのもまた洞山さまの禅風の一つとして認められる、などのことがらによると考えてよろしいでしょう。どこの部分がそうなのか、などについては、これからの読みの中で説明してまいります。

テキストを比較して見えてきたこと

そこで、まずテキストの比較です。いったいどのテキストが古い要素を残していて、どのテキストが現行本の元となっているのでしょうか。

こうしためんどうなことを知るため、私は現存する『宝鏡三昧』の主要なテキスト、つまり『禅林僧宝伝《ぜんりんそうぼうでん》』収録版（一一二四年）、『人天眼目《にんでんがんもく》』収録版（一一八八年）、『五燈会元《ごとうえげん》』収録版、『洞山語録』、『洞上古轍《とうじょうこてつ》』など、合計一〇種を選んで、一字一句を比較する諸本対校という作業を行なってみました。（その結果が、本書「付録」に収めた「『宝鏡三昧』の諸本」という拙い論文で公表したものであります）

するとと、分かってきました事実は、①最古の『禅林僧宝伝』の文章は他のテキストとはかなり異なっていて、とりわけ約一〇文字は独自の文字が使われていること、②南宋時代に禅宗各派の綱要をまとめて成立した『人天眼目』のテキストや、日本の江戸時代初めの承応《じょうおう》三年（一六五四）に京都で印行された『人天眼目』のテキストは、ほぼ私たちの現行本『宝鏡三昧』と同じである、という二点であります。つまり、この承応版『人天眼目』のテキストが、それ以降の日本版『宝鏡三昧』の祖本となっている、と考えられるのです。

そんな傾向はなぜ生じたのでしょうか。それはおそらく、江戸初期に曹洞宗の学僧が従前の諸本を調査し、それらを校訂して現行本のかたちにした、とみてまちがいないでしょう。現行本は他の諸本とくらべて、最も読みやすくなっていますから、この校訂は学問的にすぐれた業務でありました。ただ惜しいかな、こんな作業を行なった校訂者については、何の手がかりもありません。

洞山良价禅師

『宝鏡三昧』は江戸時代から流行

先に、日本では『参同契』と『宝鏡三昧』の解説書や提唱録は大変多いと申しましたが、じつはそれらのほとんどは江戸中期以後につくられたものなのです。そして、解説や提唱の対象としている版本は、どうやらみな右に述べた承応版『人天眼目』中のテキスト、つまり現行本と同じなのであります。こうした事実からも、この承応版によって本書のテキストは決定したといえるでしょう。ですから承応版は大変重要な地位を占めているのですね。

また、ついでに申しますと、私は『参同契』についても同様に古本七、八種を対校したことがあります。その結果、現在最古の本文は『祖堂集』巻四の石頭条に含まれているテキストが最も古く、それが時代とともに整理や改訂がほどこされて現行本のすがたになったことをつきとめました。ですから、『参同契』の場合は『宝鏡三昧』の変化とはやや事情が違います。

ところが、両書にはまた大いに似たような傾向もあるのです。それは、『参同契』もやはり江戸中期ごろから、曹洞宗の錚々《そうそう》たる学僧たちによって、続々と解説や提唱録がつくられているということです。

この傾向からみますと、これらの両書は江戸中期からは中国曹洞宗思想や禅風を代表する二大作品という評価のもとに、大いに曹洞宗内で高揚され、注目をあつめるようになったと考えられましょう。

『宝鏡三昧』についてのみいいますと、卍山道白《まんざんどうはく》禅師（一六三六〜一七一五）が注解をほどこしたころから特に注目されるようになり、面山瑞方《めんざんずいほう》禅師（一六八三〜一七六九）による詳細な注解書『宝《ほう》鏡《きょう》三昧吹唱《ざんまいすいしょう》』が宝暦一二年（一七六二）に印行されてから、それは決定的になったといえるでしょう。

とにもかくにも、こうして『参同契』『宝鏡三昧』の両書は、曹洞宗の中で大きな地位を占めることになりました。初めに申しました「仏祖諷経」などで読誦《どくじゅ》されるのが一般的になったのも、これとほぼ期を一にしていると考えられるのであります。

洞山禅師について

これまでは、『宝鏡三昧』の外面的なことがらを述べてまいりましたが、ここで著者の洞山さまについて簡単に紹介いたします。

洞山良介《とうざんりょうかい》禅師は今の浙江省紹興市で生まれ、幼年で出家し、二〇歳の時、北地の嵩山《すうざん》で戒を受け、一人前の僧となります。のちに諸方を行脚《あんぎゃ》して多くの禅匠たちに参じたのち、湖南省の雲巌山《うんがんざん》で曇晟《どんじょう》禅師に学びました。そこを去って川を渡る時、自分の映る影を見て大悟します。この大悟のシーンについては、またあとの段でくわしく述べましょう。このお悟りは、洞山さまの後の禅風に大きく影響を与えるのです。雲巌から禅法を嗣《つ》いで、江西省の洞山（新豊山とも）に道場を開き、大いに禅風をふるいました。雲水は常に五〇〇名もが修行していたといいます。咸通《かんつう》一〇年（八六九）に六三歳で示寂《じじゃく》しました。悟本大師《ごほんだいし》と謚《おくりな》されました。『語録』二種類がのちにまとめられています。

洞山良价禅師暮塔（江西省宜豊県洞山寺の境内／（写真・駒澤大学中国佛教史蹟参観団提供）

【第二講】

『宝鏡三昧』という題の意味は

いよいよ本文を読んでまいりますが、まず初めに、『宝鏡三昧』という題名についてご説明しておきましょう。「宝鏡」というのは、一言でいうと「仏さまの智慧のこころ」という意味であります。

元来、中国では「宝鏡」とは至宝の明鏡という意味でして、この上もない宝物のすばらしい鏡、ということです。ですから、それは事物を映し出すただの平凡な鏡ではありません。悟った安らかなこころを「明鏡止水《めいきょうしすい》」などと表現するように、清らかで完全な公平無私の明鏡がもつ力は、昔から何か宗教的な神秘性を秘めた物のたとえとして用いられてきました。最古の鏡は殷代《いんだい》以前の紀元前二千年ごろといわれ、日本でも魏の皇帝から女王卑弥呼《ひみこ》に銅鏡百枚が贈られたのは有名ですね。こうした古鏡はみな神さまそのものでありました。それがしだいに精神的なものの象徴となっていったのですね。

たとえば、有名な例ですが、唐代の禅宗では第五祖弘忍《こうにん》禅師の後継者である第六祖を定める時、神秀《じんしゅう》と慧能《えのう》の両者が悟りのこころを偈文《げもん》で表わして提出したという面白いエピソードが伝えられていますが、そのテーマは仏性《ぶっしょう》にたとえた「明鏡」でありました。つまり、明鏡は仏教や禅では仏性にもたとえられるわけです。「仏性」、このすばらしい響きと宗教的秘在性をもった言葉は、お釈迦さまのお悟りから発した深い智慧のこころといってよいものであり、それはちょうど平等で私のない慈悲にあふれたこころでもあります。よくお塔婆《とうば》などに書かれる「大円鏡智《だいえんきょうち》」という語は、この釈尊のお悟りのこころを表わしたもので、インド以来の古い伝統のある言葉なのですね。この『宝鏡三昧』ではそれを唐代の禅宗でよく用いられる「宝鏡」という言葉で表現したのです。

そして次は「三昧」。日本では一般に三昧というと、あまりよい意味には用いられていません。道楽三昧やぜいたく三昧など、ものごとにふけったり、したい放題の表現のように。ところが、三昧というのはもともと古代インドのサマーディという梵語でありまして、その音訳が三昧です。意味はといえば、精神を集中し、雑念を捨て去ったこころの状態をいうのです。つまり、具体的には坐禅や念仏などの修行によって到達した大安心《あんじん》のこころにほかなりません。

今、題名の『宝鏡三昧』の場合は、「仏さまの智慧のこころが安らかに澄みきったありさま」といった意味を示すもの、と受けとってよいでしょう。そして、その内容が全体で九四句の詩歌のかたちで高らかに詠《うた》われているのであります。このように、題名に譬喩《ひゆ》が用いられているのと同様、本文の中にもたくさんの譬喩が縦横に用いられ、美辞麗句で飾られているわけであります。ですから、ここの三昧とはとてつもなくよい意味なのであります。

ついでながら恐縮ですが、こういった本来の仏教的意味がとり違えて用いられている言葉に、「こだわり」があります。これは、モノに執着するという迷いのこころですが、最近の日本ではさかんによい意味に用いられているのはご承知の通りですね。時代や地域により正しい意味が変わる典型的な例語です。そんなことはあまりこだわらなくてもよいでしょうか。いや、また失礼をいたしました。

仏法をよく受け、よく伝えよ

如是《にょぜ》の法、仏祖密《ぶっそみつ》に付《ふ》す
汝《なんじ》今これを得たり　宜《よろ》しく能《よ》く保護《ほうご》すべし

【訳】お釈迦さまがお悟りになった真理の法（仏法《ぶっぽう》）を、これまで仏祖たちは次から次へと受けついで親密に伝えてこられた。

あなたは今、まさしくそれを受けて、わがものとしたのだ。だから今後はその仏法をよくよく大切にお護りしなさい。


まず冒頭の四句ですが、ここは全体の大意を詠った序文のような部分で、『宝鏡三昧』をつくった目的を明示していますから、非常に重要な箇所です。とりわけ、最初の「如是」ですね。文字どおりの意味は「このような」でありますが、「このような」では何だか分かりません。

じつは、「如是」ももとは梵語からの訳語でして、絶対の真理という意味であります。「絶対の真理」といっても抽象的ですね。具体的にはさまざまな言葉にいい替えることができますが、仏教や禅ではそのまま「如是」とか「如是法」という表現のままが、比較的頻繁に使われているのです。なぜかといえば、あえて具体的な言葉をあてますと、今度はその言葉だけに意味が限定されてしまうおそれがあって、かえって原意から離れてしまうからです。

たとえば、「いかなるかこれ仏」という問いに禅の世界ではあらゆる答えが示されています。これは、「仏とは何何である」と答えると、その何何という固定的な実体をイメージさせてしまうのを嫌うからであります。私もあなたも仏、イヌでもネコでも草木でも、みな仏さんだからですね。

とはいうものの、今ここでは「如是の法」を、お釈迦さまがお悟りになった「仏法」（真理の法）と訳しておきました。この仏法のことを、禅宗では「正法《しょうぼう》」や「仏心」などとさまざまにいい、最も大切にいたします。

禅宗では、この大切な「仏法」を師匠から弟子へと代々受け伝えて今日に到っているのです。すると、本文でいう「あなたは今、まさしくそれを受けてわがものとした」というその人とは、いったい誰なのでしょうか。それは、正しく禅の伝統を受け継いだ禅宗の人びとであります。禅僧だけではありません。在俗者一般の方でも、禅を正しく身につけた人ならば、みなこれに該当いたします。

宗教だけではなく、文化でも芸術でも学問でも、昔からズーッと長く伝わってきた歴史のある人間の営みは、みなすぐれた特長があるからこそ伝承されてきたのです。すると、それを受け継いだだけではダメで、しっかりと保護して、のちの世の人びとに伝達してゆく義務があるのです。禅門では、仏法をえた境地が師匠と同じでは師の徳を減《へ》らすのであって、師の域を越えてこそ、初めて師恩に報いられるのだ、という言葉が伝えられています。厳しいですね。私のように師の徳を減らし続けている者にとっては。今ここでは、お釈迦さまから長く受け伝えられてきた仏法を、しっかり保持して次代の人びとに伝えていってもらいたい、という強い願望のこころが詠われているのです。

万物には平等性と個別性とがある

銀盌《ぎんなん》に雪を盛《も》り、明月《めいげつ》に鷺《ろ》を蔵《かく》す
類《るい》して斉《ひと》しからず、混ずる則《とき》んば処《ところ》を知る

【訳】　全世界の事物は、みな平等と個別という性格をもって成り立っているが、平等という面から見ると、たとえば銀盃《ぎんぱい》に白雪を盛った状態のように、また月の光が白鷺を照らしてすがたを隠してしまった時のように、すべてが白一色となった平等一体の世界といえるのである。

一方、これを個別という面から見るならば、盃・雪・月・鷺が、それぞれ個々別々の形とはたらきをもっていて、それぞれが立派に個別の存在を保っているのである。

ここでは、前の序段で掲げられた「仏法」というもののありさまを、具体的な事物によるたとえで示している一段であります。

だいたい、ものの見方というのは、見る視点の違いによって、さまざまなすがたかたちに見えるものであります。よくいわれるように、円筒を切ると切り方によって、切り口は円型、楕円型、長方形など、さまざまな形をとります。それと同じように、私たちも同一の体操をしても、苦しかったり爽快であったり、同じ映画を見ても、楽しかったり悲しかったり、まさにモノも人のこころもさまざまですね。

ですから、関心や視点の置き方によっては、世界を平等一色と感じることも、千差万別と見ることもできるわけであります。このあたりの消息を、ここでは銀盌・雪・明月・鷺という四つのモノで説明しているのです。つまり、これらの四つを白一色と見れば統一平等でありますし、また個々別々に見れば、それぞれみな独立した別体だというのです。これを、なんだそんなことは当り前だときめつけないでください。何でもそうなのですが、じつは当り前だと思っている物事の中にこそ深い哲理や神秘がひそんでいるからです。

たとえば、「ホタルのお宿は川ばた柳」という誰でも知っている童謡。なぜ、ホタルは柳、それも川端の木にお宿をつくるのでしょう。それは風です。川端はいつも風があり、柳の葉がユラユラ。ホタルの天敵であるクモは巣をかけられない。それをホタルは本能的に知っている。スゴイですね。生物の生態の神秘は。

要するに、ここでは世界の事物にはみな平等性と個別性があって、それはけっして矛盾ではなく、じつは一体となってとけ合い融和していることを詠っているのです。「類して斉しからず、混ずるときんば処を知る」という「類」と「混」は平等一色のさま、「斉《ひと》しからず」と「処を知る」は個別性をそれぞれ表わした言葉であります。先にあげた銀盌と雪、月と白鷺にしても、それぞれ類して一色平等ではありますが、これら四つはみなそれぞれ個別のいのちと世界をもっていて、個々に活動する場があるわけでして、それが世界万物の真実のすがたであります。

なお、銀盌の「盌」はお椀と同じ意味なのですが、前回でふれたように、古い異本では盃・杯・盤など多くの文字が使われています。白い輝きをもった銀のウツワでさえあれば、これはどれでもよいのです。句の意味は何も変わりはありませんから。

仏法を言葉でいい表わすことはむずかしい

意《こころ》、言《こと》に在《あ》らざれば、来機《らいき》亦《ま》た赴《おもむ》く、
動ずれば窠臼《かきゅう》を成《な》し、差《たが》えば顧佇《こちょ》に落つ
背触倶《はいそくとも》に非なり、大火聚《だいかじゅ》の如し、
但《た》だ文彩《もんさい》に形《あら》わせば、即《すなわ》ち染汚《ぜんな》に属す

【訳】およそ、この世界や人生の中で、仏法を言葉でいい表わすことはたいそうむずかしい。しかしだからこそ、偉大な先人たちは仏法を教えるに当って、相手によってさまざまに善言《ぜんげん》化導《けどう》して法を伝えようと苦心してきたのだ。

それなのに、教わる側といえば、ややもすると固定的な考えにしばられてしまって動きがとれなくなったり、迷いに迷って、にっちもさっちもいかなくなってしまうことすらあるのだ。

だからこそ、教えの言葉にそむいてはいけないし、といって、その言葉にこだわってもいけない。なぜならば、仏法を体得するというあり方は、たとえていえば、マッサラないのちのほのおを燃やした火だるまのような真剣さでなければならないからだ。

もしも、仏法をはからいのこころや理屈でもって表現しようとすれば、そのとたんにもうどっぷりと煩悩に侵されてしまうであろう。

ここからは、真理でありますす仏法を、どうしたら私たちが認識したり体得することができるか、という点が説き示されます。ただし、右の八句は、その可能性よりもむしろこうしたらダメ、あしてもダメと、学ぶ側に対する注意点やタブーのほうを中心に詠っているところですね。一見、語句はやさしいようですが、確実に意味を把握するのは結構やっかいなのです。たとえば、「来機」という語は相手のはたらきやウツワという意味なのですが、これを従来の解説書のほとんどは、教えを求めてやって来た修行者の機根の意味にとっています。しかしそれでは、次の「亦た赴く」の主語が修行者になってしまいますが、これでは誤りなのです。

また、「窠臼」は穴ぐらの巣という意味から転じて、身動きがとれないこと。「顧佇」はふり返るも立ち止るもできない進退きわまったさま。「背触」はそむくこととこだわり。「文彩」は痕跡や模様という意味ですから、禅では常に嫌われるこころのあり方であります。こうしてみると、この一段は仏法について言葉で説明することのむずかしさと、その理由について説かれているのです。

言葉による表現といえば、禅宗では伝統的な宗風といってもよいスローガンに「不立文字《ふりゅうもんじ》、教外別伝《きょうげべつでん》」があります。この成語の意味は、禅の奥義は経典の言葉や文字の中にあるのではなく、それをマスターした上で、経典のこころをズバリととらえるところにある、ということです。今、仏法を言葉で表現することのむずかしさも同じです。たとえば、坐禅をいくら口で説明しても、未経験の方にとっては何だか厳しい修行という先入観がつきまとっているものですが、実際に坐禅を体験してみると、足はすこし痛いけど何とすがすがしい気持だワイと、それまでの考えを新たにするようなものです。

仏法の体得も実践も「大火聚」のようだ、という表現はすごいですね。いのちを燃やすほどの絶対的な実践によってこそ、初めて仏法の何たるかがストンとみぞおちできるからであります。唐と宋の中間にあたる五代《ごだい》のころ、玄則《げんそく》和尚が青峰《せいほう》さんに参学して「真実の自己」についてたずねると、「火が火を求めるようなものだ」と教えられました。のちに法眼《ほうげん》禅師に参学して同じ質問をしたところ、青峰と同じ答えがなされました。そのとたんに玄則は悟った、と伝えられます。これは、仏法とはけっして頭で理解することだけではなく、絶対的ないのちの世界であることの事実を教えるエピソードであります。

さて、最後の二句で、仏法のあとかたをチョッピリでもとどめるのは煩悩の汚れだという厳しさは、禅の中でもとりわけ曹洞禅の伝統的宗風であります。道元禅師の坐禅は「不染汚《ふぜんな》の修証《しゅしょう》」、つまり修行のあとかたもないマッサラな行道《ぎょうどう》とされていますが、これはこうした禅風の流れをうけているのですね。

ついでながら、煩悩はすべて悪いものでしょうか。そうではありません。仏教では「煩悩即菩提」といい、禅でも迷いぬけば、かえって真の仏法を会得できるといわれます。ボンノウも悟りも、つまりは同じ本性のあり方ですから、迷いはむしろ悟りの縁になるのですね。このところを、それこそ迷ってはならないでしょう。

大自然はあるがままに仏法を説いている

夜半正明《やはんしょうめい》、天暁不露《てんぎょうふろ》
物《もの》の為《ため》に則《のり》と作《な》る、用《もち》いて諸苦を抜く
有為《うい》に非《あら》ずと雖《いえど》も、是れ語なきにあらず

【訳】 それでは、どうしたら絶対世界の仏法を表現したらよいかといえば、それは夜まっ暗なところではは っきりし、夜が明るむと見えなくなる、といい表わすことができよう。

こういった表現での教えこそ、道を求める人びとを導くすばらしいお手本であるから、それによって修行者たちの迷いや苦しみをはらいのけるはたらきがあるのだ。

それは、もともとあれこれ工夫や方便をこらしたりするはたらきではなく、天然自然のままでありながら法を説いているのである。


この一段は、前段とは反対に仏法の何たるかを表明する言葉と、そのはたらきが示される点で重要な個所であります。ただし、仏法の表明とはいっても、驚いたことに、夜のまっ暗闇なら明瞭であるが明け方になると見えなくなるぞ、という私たちの常識をぶちこわすような言葉なのでありります。これでは一見、何のことやら狐につままれたようです。でも、お腹に力を入れてからだ全体で読んでみましょう。

いうまでもなく、まっ暗闇の時は、どんな事物でも暗黒一色であります。ところが、朝方、日の出とともに見えなくなるのは、その暗黒世界なのであって、逆に事物すべてが個々別々のすがたを明るみの中に現わしてくるのではありませんか。すると、そうです！　暗黒一色の世界は平等、明るい時に目に映る事物は個々別々の世界だ、ということが分かります。私たちは、先に銀盌・雪・月・白鷺の事例によって、全世界は平等と個別に分けられるけれども、それはまたすべてが一体にとけ合っているのだという道理を学びました。ここではまた、昼夜の交替という自然現象によって、平等性と個別性が本質的には無二一体である道理が示されている、と把握できますね。

このように理解しますと、どうやらこの「夜半正明、天暁不露」は、先に読んだ『参同契』の「明中に当って暗あり、暗相をもって遇うこと勿《なか》れ、暗中に当って明あり、明相をもって観《み》ること勿れ」と、なんと似通っていることでしょう。おそらくここは『参同契』の影響をうけているとみて、まずまちがいないと思われるのです。

これをうけて、第三句と四句では、こうした明と暗との逆説的な表現の教えこそは、じつは表現の中のお手本であって、人びとの苦悩を救うことができるのだ、と絶賛しているのです。絶賛といっても、なにも『宝鏡三昧』の作者が自画自賛しているのではありません。今、述べましたように、『参同契《さんどうかい》』の中で、すでに明と暗についての同じような表現が見られるのです。ですから、ここではそれと同様の表現を用いて、仏法の教えのすばらしさを讃えているのであります。

なお、第三句の初めにある「物」には、事物という意味と人びととという意味がありますが、ここでは後者の意味です。「物」に人びとという意味があるのは、考えてみますと重要ですね。人間によって物は造られるからです。

さて、第五～六句は前の部分を受けて、天然自然の中にあって仏法は常に説かれていることを詠っています。それは、いまさら「有為」などという人間的な小細工などではなく、大自然は文字どおりあるがままで法を説きぬいているというのであります。

さっきご紹介したように、洞山さまの疑点の解消は「無情説法」の体得でした。山や河が常に説きぬいている法の声を、全身で見聞した修証でした。

ところで、こういった、いわば汎神論《はんしんろん》的な考え方は、いうまでもなく東洋的な自然観や文化の大きな特色であります。東洋の伝統では、たんに自然を愛し友とするばかりではなく、山川草木のすべてにこころの投影としての神を見、仏を見るという深い宗教文化を育み、これを大切にしてきました。こうした文化は、大自然を神の造化物として人間と対立させ、これを人力によって支配しようとする西洋的な自然観の伝統とは、まったく違った歴史的基盤に立つものといえます。

中国では、唐代以後の禅者たちによって自然と人間とはいっそう密接なつながりをもつようになりました。かれらは、悟りの心境をしばしば自然の風物によって象徴的に表現しています。有名な故事ですが、宋代の蘇東坡《そとうば》は廬山《ろざん》で渓流の響きを聞いて悟りを開いた時の感激を、「渓流は即是《ほかなら》ぬ広長舌《だいせっぽう》、山色は清浄心《みほとけのこころ》に非ざることなし。夜来《ひねもす》八万四千の偈《うた》、他日《のちに》いかんが人に挙似《かたらい》せん」と詠っていますね。こうした山水に絶対の存在を見、無限の時を聞くこころが、まさしく大自然と一体になった人の悟りなのであります。八万四千とは、数えきれないということです。

道元禅師の自然観については、『正法眼蔵』に山川草木が教えを説いているとする「山水経」の巻がある、と指摘するだけで、もはや多言はいらないでしょう。山も水もお経なのですね。

私たちは、このような東洋のすばらしい宗教文化の伝統を、けっしてないがしろにしてはならないと思います。

【第三講】

宝鏡に映った汝《なんじ》と渠《かれ》

宝鏡に臨《のぞ》んで、形影《ぎょうよう》相《あ》い観《み》るが如し
汝《なんじ》、是《こ》れ渠《かれ》に非ず、渠、正《まさ》に是れ汝

【訳】　今われわれは、少しの曇りもないキレイな鏡に、自分の顔を映してみる。すると、鏡の中に自分の顔と寸分たがわぬ影像が映し出される。あたかも、自分が鏡を見ていながら、また鏡の中の顔が自分を見ているかのようだ。それはちょうど、私のこころのあり方や考えを仏さまの清浄《しょうじょう》なこころに照らしてみると、その是非が自ずから分かるようなものである。
しかし、私の顔は鏡の中の影像とはけっして同じではない。だが、影像は私の顔あってのものでで、私を映し出していることには疑いない。それと同様に、鏡の前の私は本来人《ほんらいにん》ではないが、本来人は私を措《お》いてはありえないのだ。

表現はとてもやさしいのですが、内容の意味するところは、かなり深いものがある一段です。ここは「宝鏡のたとえ」といわれる個所でして、真実の仏法のありさまを、人間の本体と影像との関係によって示しているのであります。先にわたくしたちは、本書のタイトルであります「宝鏡」が、仏さまの智慧のこころや仏性などと同義であることを学びました。ここではその「宝鏡」の語がズバリと出ていますから、重要な個所だということに気がつきますね。

そうです、「宝鏡のたとえ」は、じつは後段の汝《なんじ》と渠《かれ》が核心なのであります。いや、汝と渠との関係を理解することが、この『宝鏡三昧』全体の核心といってもよいでしょう。つまり汝と渠は、単純な「そなた」と「かれ」という二人称と三人称の人称代名詞ではないのですね。直接的には、「汝」は鏡の前の自分の顔、「渠」は鏡の中の影像、をそれぞれ指す語ではあります。しかし、それはたとえとして述べられているのであって、じつは人間と仏法世界との関係を例示しているのであります。

つまり、「汝」は人間一般、「渠」はその人間に本来そなわっている真実のありさま、マッサラないのちのはたらき、とでもいうものです。真実の身心といっても、本来の身心といってもよいでしょう。痛い時は痛い、うれしい時はうれしい、という生活以前にはたらくわたくしたちの真実の本性であります。禅門では、これを昔から本来の面目《めんもく》とか本地《ほんじ》の風光などといっています。ここでは、より具体的に「本来人《ほんらいにん》」と訳しておきました。

もともと「渠」は「ミゾ」の意味ですが、「カレ」という三人称代名詞にも用いられるようになったのは、「彼」の用法よりもずっと遅い三世紀以後といわれます。「渠」はなんとなく「彼」よりも奥深い感じを抱かせる文字ですね。それはともかく、ここで詠われる汝と渠は、日常の凡庸なおのれとその背後の本来人とが、たがいに円融しているさまであります。そして、この両者の関係は洞山さまの悟りの偈文がベースになっているのです。

洞山禅師の悟り――「過水《かすい》の偈《うた》」

先に紹介しましたように、洞山さまは、二〇歳ごろに北地の嵩山《すうざん》で受戒をしたのち、南方の安《あん》徽《き》省池州《しょうちしゅう》に南泉山普願《なんせんざんふがん》禅師のもとに参じます。普願は馬祖《ばそ》門下の高弟でして、「平常心これ道」や「南泉斬猫《なんせんざんみょう》」などの故事で知られる人であって、洞山さまはここで大きな感化を受けました。しかし、南泉が遷化《せんげ》したので、次に湖南省雲巌山《うんがんざん》の曇晟《どんじょう》禅師を訪ね、ここで「無情説法《むじょうせっぽう》」

についての問答でこころの結ぼれが解けます。曇晟に師事すること五年、曇晟も遷化します。そこで三年間喪《も》に服してから、同僚の僧密《そうみつ》とともに雲巌山を後にして行脚し、現在の長沙市に入り、湘江の大河を渡ります。あたかもその時、水に映ったわがすがたを見て大いなる悟りを開きました。そして、その時、僧密の求めにより、一首の偈をつくったのです。

他《そと》に随《むか》って覓《もと》めるのは切忌《タブー》だ、迢迢《はるか》に我《わたし》と疎《うと》くなるからだ。我は今独自《ひとり》で往《ゆ》くが、処処《さきざき》で渠《かれ》に得逢《あえ》る。渠は今、正に是《こ》の我だ、我は今、渠には不是《あら》ず。与麼《このよう》に会《えとく》し応須《なければな》らん。如如《あるがまま》に契うことが方得《やっとで》きた。

洞山過水悟道の図（龍泉院蔵）

これが、後代に有名な洞山さまの「過水悟道の偈《げ》」といわれるものです。この時の情景をモチーフとした禅画ものちに描かれ、わたくしの寺も一幅を所蔵していますが、迫力にみちあふれた古画であります。それはともかくこの第五、六句で詠われている渠と我との関係が、『宝鏡三昧』では汝と渠となっていますが、意味するところはまったく同じであります。

洞山さまは、生涯こうした日常のおのれと、その背後にある本来人との関係を折にふれて門人たちに教え示されています。言葉をかえれば、こういった仏法の世界を示す幽玄な哲理が、洞山さまの宗風の中枢であったのですね。ですから、『宝鏡三昧』に汝と渠の玄旨が詠われていることによって、本書が洞山さまの述作とされてきた有力な根拠になっているのは当然といってよいでしょう。

仏法は赤子のように無心で平等、測ることができない

世の嬰児《ように》の、五相完具《ごそうかんぐ》するが如し
不去不来《ふこふらい》、不起不住《ふきふじゅう》
婆婆和和《ばばわわ》、有句無句《うくむく》
終《つい》に物を得《え》ず、語未《ごいま》だ正しからざるが故に

【訳】仏法のすばらしいはたらきについては、あたかも赤ちゃんに、五つの言動が完全にそなわっているようなものだ。乳飲み児《ちのみご》は、ひとりではまだどこへも行けず、よそから歩いても来られない。起《た》ち上がることもできず、またじっと止まってもいない。口を開けばただバァーバァーウァーウァーというだけで、何をいわんとしているのかいないのか、到底、分からない。

それは、まだ何も言葉で表現できないからだ。それと同じように、仏法は無心で平等、どんな人間的なモノサシでもっても価値判断できぬはたらきをもっているのである。

ここはまた、前段の深い哲理からは一転して、仏法のはたらきを赤ちゃんの言動という、人間界の卑近な事例で示した特異な一段であります。そこで、この一段は昔から「嬰児行《ちごぎょう》のたとえ」といわれています。

じつは、この嬰児の言動なるものは、『涅槃経《ねはんぎょう》』の嬰児行品《ちごぎょうぼん》という中に出てくるたとえなのですね。つまり、そこではあたかも赤ちゃんにそなわっている起・住・来・去・言語という五つのはたらきのように、如来の言動はけっして偏《かたよ》りなどがなく、マッサラな無心の平等であり、常識的な杓子定規《しゃくしじょうぎ》ではおしはかれない、融通無礙《ゆうづうむげ》自在のはたらきであることを示しているのであります。そこで、本段ではこれを依用して、仏法が人間的なモノサシでは測れない広大で自在なはたらきであることを詠じたのであります。

ところが、私たちはしばしば、仏説や仏法はすべての人びとに平等ではないのではないか、という質問を投げかけられることがあります。性差別の問題もそうですが、最も多いのは善因善果や悪因悪果の仏説が、実際には正反対の例が多いではないか、という疑問です。たしかに因果の問題については、三世《さんぜ》の因果説などもありますが、他人ごとではない自分自身の問題として、今悪い状態ならばそれは過去の結果だと自覚し反省し、今を努力して生きるのが仏説に適《かな》う仏者としての歩みではないでしょうか。そうした精進努力まで包みこんでいるのが、まさに仏法の大海というものでありましょう。

仏法は易《えき》や偏正五位《へんしょうごい》のように、個別と平等が融合している

重離六爻《じゅうりりっこう》、偏正回互《へんしょうえご》
畳《たた》んで三と成《な》り、変じ尽《つ》きて五と為《な》る
茎草《ちそう》の味わいの如く、金剛の杵《ちょ》の如し

【訳】仏法という真実が変化自在であることを、易と「五位」の思想で示そう。まず、易で「離《り》」と呼ばれる卦《け》「☲」を二つ重ねると、「䷝」という六爻の卦ができる。また、「五位」で説かれる「偏《へん》」（個別）と「正《しょう》」（平等）がたがいに融合するさまは、あたかも「離」の卦と同型であり、これを二つ重ねると「重離《じゅうり》」の卦となる。つまり、易の重離六爻という形は、個別と平等が二重に融合したすがたと同じなのである。

また、「重離」の卦は三たび畳み二度変化させると、もとの卦に戻る。つまり、個別と平等は融合しながら、また循環するはたらきがあるのだ。

だが、さまざまに変化しながらも、仏法の本質は、一つであって、あたかもそれは一本の茎草《めどきぐさ》に五種の味わいがあり、一個の金剛杵《こんごうしょ》が五本の分枝を具《そな》えているようなものだ。

この一段はまた一転して、「重離六爻のたとえ」と呼ばれていますように、なんと易の専門用語と「五位」という仏教的な世界観の用語でもって、仏法世界のはたらきを詠じているのです。そのために、易の初歩すら理解していない仏教学者たちは、この一段があることから、『宝鏡三昧』は難中の難だなどと誤解されている傾向があるのは、大変残念であります。

ところが、ここは用語さえ正しく理解すれば、思想的にはけっしてむずかしくはないのです。

まず初めに、易に親しみましょう。だいたい易の原理というものは、驚くなかれ中国では西暦紀元よりずっと以前に成立した『易経《えききょう》』で定められているのです。

昔ながらの易占いには算木《さんぎ》という六本一組の四角い棒（これを「爻《こう》」といいます）と、竹箸のような五〇本の丸い竹棒の「筮竹《ぜいちく》」を用いますね。おもむろに、ジャラジャラと。本段には筮竹は出てきませんから、ここでは算木だけをとりあげます。

算木には二種類があり、ただ長いままの棒を陽《よう》の爻と呼んで「⚊」で表わし、真ん中に切れ目のある棒を陰《いん》の爻と呼んで、「⚋」で表わします。これが基本。六本セットの算木は陰と陽が三本ずつなのですが、そこから三本をとっていろいろに組み合わせますと、全部で八通りの組み合わせができます。これが八卦《はっけ》ですが、その中の「☲」のかたちをとる卦は「離」と呼ばれます。そこで、これを二つ重ねたのを「重離六爻」の卦というわけです。六本の「爻」で二つの「離」ができたかたちですね。

次に、この重離六爻のかたちを、下から偶数番目の算木をとって奇数番目の算木の上にと重ねると、上層は☳、下層は☶となります。重ねることを「畳《たた》む」といいます。次に、これをさらに上層の三爻を下層の上段に移しますと、䷼の形になります。これをふたたび畳んで変化させると、みごとにもとの「重離六爻」の卦に戻りました。

これを「重離六爻……、畳んで三と成り」と詠ったのです。言葉では分かりにくいですが、実際に算木でやってみると、いとも簡単なのです。でも、算木なんかありませんね。代わりにツマ楊枝でもマッチ棒でも結構。ぜひ実際にやってみてください。つまり「爻」がさまざまに変化しても結局もとの「卦」に戻るさまを、個と真理のたとえとしているわけです。

このほかにも、二、三の術語がありました。まず、「偏正《へんしょう》」です。これは洞山さまに「偏正五位」という教えがあって、偏（個別）と正（平等）を組み合わせた五つの形式によって、仏法の大意を示したものであります。「回互《えご》」はたがいに融合しているさま。前に紹介した石頭禅師の『参同契』には、個別（現象）と平等（真理）とがたがいに融合する道理がくわしく詠われていますが、今この本段では、それが洞山さまの「偏」と「正」という教えの言葉によって、同様の主旨が詠われていることが分かります。

このようにみますと、先の「過水悟道の偈」とともに、洞山さまの創唱とされる「偏正五位」の要旨が含まれていることは、ますます『宝鏡三昧』が洞山さまの述作とされる根拠を補強しているといえるでしょう。

個別と平等とが融合するとは、あたかも音楽が調和するようである

正中妙挟《しょうちゅうみょうきょう》、敲唱《こうしょう》、双《なら》べ挙《あ》ぐ
宗《しゅう》に通じ途《と》に通ず、挟帯挟路《きょうたいきょうろ》
錯然《しゃくねん》なる則《とき》んば吉《きつ》なり、犯忤《ぼんご》すべからず

【訳】この世界のありさまは、本来的な平等一色の真理の中にそれぞれ個別の現象があり、また現象世界の中には平等の真理を含んでいる。たとえていえば、あたかも楽器をかなでる音楽と、それに唱和する歌声とが調和するように、みな融合して成り立っているのだ。

このように平等真理（理）の世界と具体的な事物現象（事）とは、たがいに理が事を含み、また事が理を含んでいて、ともに融合調和した世界を構成しているのである。

したがって、仏法世界についても、平等と個別とが一つに融け合い一体となって調和するという、最善甚妙《じんみょう》の功徳を表わしている。であるからこそ、その功徳をわれわれはけっして侵害してはならないのだ。

この一段からは、仏法のもつ徳のめぐみのありさまが詠われるところであります。ですから、最初におかれる右の六句は、古来「調和の徳」といわれています。

ただし二つ三つ、耳慣れない言葉がありますね。まず、「正中妙挟」とは本来は「正中に妙に挟《はさ》む」と読むべきでしょうが、宗門では伝統的に音読しています。こういった伝統は尊重すべきでありますから、そのままにしておきます。意味は、真理平等（正《しょう》）の中に千差万別（偏《へん》）が含まれ、またその逆でもあることを、自然の妙技と表現しているのです。次に「宗《しゅう》」とは本来的なもの、ここでは平等の理法のことです。また、「途《と》」は末端のことですから、個別的な現象をさしています。「錯然《しゃくねん》」は入り混じってとけ合うことです。

問題は、この一段だけを読むと、ただ自然界のありさまを述べた一つの世界観、と受けとってしまいかねませんね。ところが、そうではなく、本書は仏法世界のすばらしさを詠い上げているはずですから、自然界の融和しているありさまは、じつは仏法世界のすがたでなくてはなりません。そう視点を定めてみると、容易に理解できますし、五位の用語も別にむずかしくはありません。

たとえば坐禅。この坐禅にも両足を組む結跏趺坐《けっかふざ》、片足だけ組む半跏趺坐《はんかふざ》、それにイス坐禅、広義での正座、とさまざまな坐り方があります。しかし、その坐禅をつらぬく理念が只管打坐《しかんたざ》であるとか、見性《けんしょう》などに統一されていれば、それこそ正中偏であり偏中正であるといえるでしょう。

また、仏法の調和が大切なこと（徳）について考えてみても、複数の僧俗で行なう仏教行事の例からみても、いうまでもないでしょう。大勢の僧たちが整然と唱和する読経にしても、鳴らし物の音楽的な演奏にしても、それぞれ厳粛でも賑やかであっても、それが整然たる調和のもとに行じられる時、僧俗すべてに深い宗教的な感銘を与え、信心へのきずなとなるのは、古今東西を分かたずまったく同じであります。

このようにみると、仏法にはたしかに「調和の徳」が具わっています。ですからあたかも、大自然を破壊すると必ずしっぺ返しを受けるように、仏法の調和を破ると必ずこころの痛手を負うことになります。いうまでもなく、私たち仏教者は、みんなこうした仏法の大海中にあることを自覚したいものです。

なお、本段では調和の例として楽器と歌声をとりあげていますね。昔詠まれた『宝鏡三昧』も、素朴な楽器の音とさぞかし調和して詠われたものと偲《しの》ばれるところです。

【第四講】

仏法のすがたは純真でマッサラ

天真《てんしん》にして妙なり、迷悟《めいご》に属せず
因縁時節《いんねんじせつ》、寂然《じゃくねん》として昭著《しょうちょ》す

【訳】　真実の仏法世界は、天然自然にすばらしいありさまとして現われ出るものであり、それは人間がこころにいだく迷いや悟りなどの相立的な分別《ふんべつ》やはからいの世界を、まったくこえたところのものなのだ。

そして、その現われ方のありさまといえば、時の流れと因縁とが和合することによって、マッサラなすがたをひっそりと寂《しず》かな中に、明らかに現わし出しているのだ。

前段の末尾に続いて、ここは仏法のすばらしい徳が詠《うた》われているところです。つまり、この一段は仏法世界に「天真の徳」がそなわっているのだ、というありがたい個所なのであります。

「天真」とは、天真爛漫《らんまん》などというように、まったく純真で本来のままを表現する言葉ですが、ここでは仏法の真理のありさまが純真マッサラだというのです。

ただし、この言葉を、私たちは大自然が天真のままに存在している、というたんなる抽象的な存在論と混同してはなりません。なぜならば自然界では、山は山、川は川として天然に存在しながら、それぞれの生命を立派にはたらかせているからです。

それと同様に、仏法世界も、ある固定の抽象概念などではなく、私たちがこの身を仏教的にはたらかせることによって、初めて生き生きと具体的に現われるのであります。

たとえば、私たちが無心に両手を合わせ、深々と腰を折って頭を下げる、ただそれだけで、その時に〝仏法〟は現われ出るのであります。わたくしは、檀信徒の方々に、常に礼拝は信仰の第一歩で、しかも最も奥深い大切な行であることを申し、いっしょに礼拝を行なっています。時には自分の体験をも語りながら。ただし、礼拝は絶対に無心でなければなりません。これが仏法の天真のありさま、であります。

すると、まさに天真は絶妙の功徳《くどく》をもたらすといえるのですね。よく禅宗で「法は人なり」というのは、この辺の消息を物語っているのでしょう。ですから、それは当然ながら迷悟や得失などの、いわば人間的なはからいをこえた世界であります。

洞山さまと同時代の傑僧、趙州《じょうしゅう》和尚に雲水が指導をお願いした。すると趙州、「粥《かゆ》は食べたかね?」「ハイ」「そんなら、鉢《はつ》を洗いナ」。

これで雲水は悟った。のちに有名な「趙州洗鉢《じょうしゅうせんぱつ》」の公案であります。この公案の眼目は、道場での修行といっても、なにも特殊なことをするのではない、仏も法も悟りも、そんなものに対するはからいをキレイさっぱりと洗い去った境地に達するのが仏法の堂奥である、という教えであります。ありふれた日常生活の中にこそ、それはあるのですね。

「天真」と「迷悟」について、もう一言ふれておきましょう。洞山さまより三〇歳ほど先輩であった黄檗希運《おうばくきうん》禅師（臨済《りんざい》さまの本師）に『宛陵録《えんりょうろく》』という説法の書物がありますが、この中に「天真の自性《じしょう》は本《も》と迷悟なし」の言葉があります。もって生まれたこの自分の本性には、もともと迷いも悟りもありはしないのだ、という意味です。そうしてみると、唐末ごろの禅門では、「天真」と「迷悟」は対照的な意味でよく用いられ参究されていたのです。

ところで、本段の第三、第四句では、こういった仏法の現われ方は、因縁と時節とが熟してこそ初めて可能だ、と詠われています。因縁（条件）と時節（時）との関係とは、たとえば、桜のツボミという因と暖風という縁が、春の到来（時節）によってもたらされ、無事に開花します。同様に、春たけなわ（時）になると、若竹の竹根《ちくこん》（因）と雨（縁）によって、タケノコがニョキニョキと出てくることを思えば、容易にお分かりですね。

さあ、仏法世界ではどうでしょう。同じであります。誰にでも仏性（仏となりうる可能性）がそなわっている（因）といっても、仏教的な実践（縁）を行なったその時にこそ、それが初めて現われてくるのです。

このあたりの消息について、道元禅師は「いはゆる仏性をしらんとおもはば、しるべし、時節因縁これなり」と示されています。仏法を行ずる時には、それこそ因も縁も時もみな一体となってはたらき出すのだ、というすばらしい仏性のとらえ方であります。正しい実践がないと、せっかくの仏性も雲隠れしてしまうのですね。

さて、このような仏法の現われ方は、本段では「寂《しず》けさ」の中にはっきりと現われ出ると詠われますが、ここのところは重要であります。

なぜかといえば、お釈迦さまが八万四千の法門を説かれたのは、常に寂かな禅定《ぜんじょう》に入ってであったといわれますね。また、仏教ではさまざまな三昧や悟りの智慧が説かれますが、例外なくみな寂かな明鏡止水の境地から生まれているからです。けたたましい騒音の中の仏法など、聞いたことがありません。

なるほど、仏教儀礼の中には鐘や太鼓などによる元気なご祈祷もあります。ですが、それを行修する僧たちの聖性《せいせい》はといえば、寂かで深い禅定《ぜんじょう》による定力《じょうりき》が原点となっていなければなりません。たんに技術だけの問題ではないのです。このように、寂けさと仏法世界の現われ方には、不離密接な関係にあることがたしかめられる一段であります。

仏法の実践には疑心を抱いてはならない

細《さい》には無間《むけん》に入り、大《だい》には方所《ほうじょ》を絶《ぜっ》す
毫忽《ごうこつ》の差《たが》い、律呂《りつりょ》に応ぜず

【訳】 真実の仏法は、どんな小さな極微《ごくみ》の世界にでも入りこんでゆき、反対に大きなほうでは、無限大な宇宙のかなたにも及んでゆくことができる。つまり、どんなところにでも至らぬところはないのだ。

しかしながら、そこにほんのわずかでも微妙なすれ違いが生じると、もうまったく仏法が奏《かな》でる妙なる音律には調和せず、したがって、何のはたらきもなされなくなってしまうのだ。

この一段は、仏法世界のもつ「普遍の徳」が詠われている個所であります。これで、合計三つの徳が唱えられたわけですね。そして、その内容は二、三の熟語の意味さえ正確に把握すれば、容易に理解できます。

まず、「無間《むけん》」ですが、ここではすきまがないという意味です。無間地獄などという場合は、間断なく苦しみを受ける地獄ということですから、少し意味が異なります。ここでいう「無間に入る」とは、すきまのないところにまで浸透することであり、この語は古くは紀元前に成った『老子《ろうし》』の書物に出ていますから、本書の作者はきっとその古典の語を用いたのでしょう。

次に「方所《ほうじょ》」とは、十方処《じっぽうしょ》ということ。十方は東西南北とその各中間の平面的な八つの空間ですが、それに上下を加えてできる立体的な空間のことをいいます。つまり、「十方処」はあらゆる空間を意味しています。道元禅師の『正法眼蔵』には「十方」の巻がありますが、そこではやはり仏法の真実は絶対の十方世界そのものであることが説き示されていますね。

また、「毫忽《ごうこつ》」の毫はきわめて細い毛、忽はカイコが吐き出す一筋の糸で極小の単位に用いられますから、「毫忽」はとにかくきわめてわずかなことの表現です。

次に「律呂《りつりょ》」ですが、これは中国古代からの伝統音楽の分野では、基準となっている音階のことをいいます。陽の性格をもつ六つの音《おん》が「律」であり、陰の性格をもつ六つの音が「呂」です。これだけの音階がそろい、それに長短を入れ、強弱をつけるだけで、初めてどんなメロディーでも奏でられるのですね。だいたい、「律呂」とは伝説上の帝王とされる黄帝の時代に、伶倫《れいりん》という人がつくった笛の音階に基づくそうですから、中国の音楽の歴史はいかに古いかが分かります。ちなみに、日本語で言葉の調子のことを「呂律《ろれつ》」といいますが、これは「律呂」から転化した言葉だといわれます。

ところで、この一段は仏法がどんなところにでも浸透してゆく普遍の徳をもつ反面、また、わずかなすれ違いでもそのはたらきが阻害されることをも詠じている後半に、私たちは注意しなければなりません。

では、その「すれ違い」とは何でしょうか。

それは、たとえば、前例に出した桜の開花ですと、春になっても寒気が襲えば開花はできませんね。同様に私たちも、「こんなことをしていったい何になるんだろう」と疑心や迷いを抱きながら坐禅や作務《さむ》をしても、その行為も結果もみじめに終わるばかりと同じです。

してみますと、仏法そのものはいかに広大な功徳があっても、それをかたく信じて実践する私たちの側にこそ問題があるのであって、浅はかな分別やはからいがあれば開花しない最大の原因であることが分かります。

果報は、けっして寝て待っていても訪れてくれません。だからこそ、仏法の正しい実践や相続には、正しい仏法を身につけた正師《しょうし》による指導が大切なのですね。こんなことをあらためて教え示される一段であります。

悟りにとらわれて逆に迷ってはならない

今、頓漸《とんぜん》あり
宗趣《しゅうしゅ》を立《りっ》するに縁《よ》って、宗趣分《わか》る
即《すなわ》ち是《こ》れ規矩《きく》なり
宗通《しゅうつう》じ趣極《しゅきわ》まるも、真常《しんじょう》流注《るちゅう》
外《そと》、寂《じゃく》に、内《うち》、揺《うご》くは、
繋《つな》げる駒、伏《ふく》せる鼠《ねずみ》

【訳】仏法がスムーズにはたらくための調和を狂わせる原因は何か。それは、修行者の姿勢いかんにかかっているのだ。

ところが、今の禅宗の流れには南頓《なんとん》と北漸《ほくぜん》という二つの潮流があって、それぞれが特徴的な教義を立てるために、一宗の教えを体得する修行方法には差異ができてしまっている。したがって、必然的にそれぞれの教条がもうけられてしまった。

こんなことでは、修行者が自分に属する宗義に通暁《つうぎょう》して堂奥《どうおう》を究めたといっても、そんな程度の安心《あんじん》では悟りにとらわれた、むしろ迷いにすぎない。そんな安心は上っ面《つら》だけの静寂にすぎず、もしも内面に動揺を抱いているならば、それはちょうど綱に繫《つな》がれた馬や、ネズミとりの器に捕獲されたネズミのように、潑剌《はつらつ》としたはたらきなど少しもできはしないのだ。

ここはやや長い一段ですが、前段の末尾をうけて、仏法を学ぶ者の、ともすれば陥りやすい迷いについて詠じているところです。ですから、ここは特に注目される段であります。

まず、初めにある「頓漸《とんぜん》」とは何でしょうか。それは、ボダイダルマさまによってインドから中国に禅が伝えられ、それ以後、禅は二祖慧可《えか》―三祖僧璨《そうさん》―四祖道信《どうしん》―五祖弘忍《こうにん》と正しく伝わって、唐代の弘忍禅師のもとから、六祖慧能《えのう》と、神秀《じんしゅう》という二人の禅匠が出ました。

伝統的には、慧能さまの系統が南宗といって頓悟《とんご》の宗風、神秀禅師の系統が北宗と称して漸悟《ぜんご》の宗風を、それぞれ掲げて中国の南地と北地に宗勢を展開しましたが、南宗のほうが北宗にまさっていた、とされています。

ところが今日では研究が進んで、唐代の禅宗史は大幅に書き改められ、実際には必ずしも右のような区分も評価もできないといわれています。伝統ある宗教や文化は、発展段階では枝葉が生じます。すると自派に都合のよいように史実を書き改めるのは、これも古今東西みな同じであります。政治の世界ほどではありませんが。

それはともかく、頓悟とは仏法の奥義を素早くサッと悟ることであり、漸悟はそれを段階的に着実に悟ってゆくことです。ともに一長一短でありますが、時間的に早い頓悟のほうが一般には魅力的でしょう。もし、悟りが二者択一的なものだとすれば、わたくしは個人的には漸悟のほうに惹《ひ》かれるのですが。

とにかく、中唐ごろからの禅門では、こうした二つの宗風が唱導されるようになりました。これが、南頓北漸《なんとんほくぜん》という宗趣《しゅうしゅ》の差異であるというのですね。ちなみに、「宗趣」というのは宗旨を身につけるための修行方法、という意味であります。

本書の作者は、こうした禅の分岐や差異によって雲水たちの修行方法が細分化し、最も大切な内面的な悟りが軽薄な安心に堕してしまう実状に対して、厳しい批判の矢を投げかけているのです。それは南北いずれの宗であるかは明示していません。おそらくは、双方に対しての批判ではないでしょうか。

そうした批判の語は、「真常《しんじょう》流注《るちゅう》」という言葉に集約されるでしょう。「真常」とは悟りの境地、「流注」は煩悩の絶えることのないさまを水の流れにたとえた語ですから、「真常流注」とは悟りにとらわれて、かえって迷ってしまうことで、よくない意味であります。

南頓北漸の差異問題もそうですが、もう少し時代が下った洞山さまの晩唐時代には、立派な禅匠こそあちこちに輩出していますが、それぞれ修行者たちを指導する手段にはパターン化した「機関」や、先人の言動をもっぱら金科玉条として参究する「公案」が生まれてきました。言動の形式化や絶対視は、今ここに仏のいのちを生かすという禅の眼目からはずれますね。そこで、こうした弊風《へいふう》をも含めた意味で、作者は誡《いまし》めの語句を詠じたのではないか、とわたしは受けとめています。

末句に詠われる「安心」が、繋《つな》がれた馬や捕えられたネズミのようなものではダメだという譬《たと》えは、いかにも中国らしい偈頌《げじゅ》の用例であり、なかなか面白いですね。

ちなみにわたしは東日本大震災以後に広く用いられた「絆《きずな》」という文字は好きになれません。

なぜならば、「絆」の語原は牛馬などを逃げられないように柵《さく》などに結びつけておく、抑制や束縛という意味だからです。ですから、日本人の器用さからこの文字を安易に「結びつき」の意味に使うのは軽薄というべきでしょう。少なくとも、仏教徒ならば「縁」という伝統のあるよい言葉を用いるべきだと思いますが、いかがでしょう。

誤った悟りを正す

先聖《せんしょう》、之《こ》れを悲しんで、法の檀度《だんど》と為《な》る
其《そ》の顚倒《てんどう》に随《したが》って、緇《し》を以《もっ》て素《そ》と為《な》す
顚倒想《てんどうそう》、滅すれば、肯心《こうしん》、自《みずか》ら許す

【訳】だからこそ禅宗のお祖師さまたちは、こうした修行上の弊害が生じるのを悲しまれ、真実の仏法の完全な施しをなされて、さまざまな手だてによってその救済に尽くされてきたのだ。

つまり、ともすれば修行者たちは誤った考えによって、黒なるものを白だと思いこんでしまっている。それをお祖師さまたちは、本物の白（正）と偽物《にせもの》の黒（邪）の区別をはっきりと教えてくださるのだ。

すると、これによって修行者たちは、初めて誤ちを正し、ハタと手を拍《う》って真の仏法の何たるかを、みずから体得することができるのだ。

この一段は、前段の長い八句に示された禅者の迷いに対して、先覚者たちがいかに救済の手をさしのべているかについて、たいそう平明に詠じています。

字句も、ここはほとんどやさしいですね。「檀度《だんど》」とは完全な施しのこと。「顚倒《てんどう》」は誤った考えや迷い。「緇《し》」は黒で「素《そ》」は白。よく「緇素《しそ》」と熟字して、衣服の黒白から転じて僧俗の意味に用いられています。

ところで、禅宗の先覚による救済の例などは枚挙にいとまがありませんが、一つだけ『洞山語録』に見える面白い例をご紹介しましょう。

洞山さまには、雲居《うんご》というすばらしい弟子がいました。雲居はある時、近くに庵を結び、洞山のところにやって来ません。そのわけを聞くと、天の神さまが食事を供養してくれている由。そこで洞山さまは晩に雲居を呼び寄せて、いったい君の本性は何かねと詰問《きつもん》します。雲居は答えられず、庵に帰って静かに坐禅を組みます。ところがその後、もう天神は来なくなりました。

つまり、洞山さまは雲居が定力《じょうりき》を得たので、それに安住してしまっているのを咎《とが》め、修行者の原点に戻したのです。

前述しましたように、禅の真のねらいは通力《つうりき》や定力を得ることなどではなく、みずからに具わっている仏のいのちに目ざめ、これを日常生活の中に生かすことにあるのです。ですから、洞山さまの詰問は雲居の誤った悟りを矯正する老婆親切だったのですね。雲居はのちに、みごとに洞山さまの嫡嗣《てきし》となりました。

禅の修行は、自己満足や思い上がりが何よりも大敵なのです。常に自己点検をして、誤った軌道を修正しなければいけません。それには正しい先生につき、生涯にわたり努力精進を惜しまぬことでありましょう。それは、僧俗などに関係のない禅門の鉄則といってもよいでしょう。

【第五講】

先人の道に学ぶ

古轍《こてつ》に合《かな》わんと要せば、請《こ》う、前古《ぜんこ》を観《かん》ぜよ
仏道《ぶつどう》を成《じょう》ずるに垂《なんなん》として、十劫《じっこう》、樹《じゅ》を観ず
虎《とら》の欠《か》けたるが如く、馬の馵《よめ》の如し

【訳】　学人が誤った修行態度を改め、真実の仏法を体得するには、何よりもわが禅門の先《せん》聖《しょう》方がたどられた足跡をお手本として行じ、それと合致するようにつとめなければならない。そのためには、まずその先聖方の足跡をよくよく観察して知ることだ。
たとえば、釈尊以前にこの世に出現されたという、あの大通《だいつう》智《ち》勝仏《しょうぶつ》は、仏道を修行して完成の寸前にいたりながらも、なおさらに十劫という無限にちかい間も道場で坐禅を続けられたが、それでも遂に仏道を成就できなかったといわれる。また、釈尊もボダイ樹の下で悟りを開かれるまでは、二十一日間もこの樹を観想《かんそう》して三昧《ざんまい》の境地に安住し、静かに歩行するなどの修行を続けられたというではないか。

これらのあとかたは、いわば虎が人を喰《くら》うたびに耳に裂傷ができるが、その裂け目の数を誇りとし、また、馬が膝《ひざ》の上に白毛が生じるのを誇りとしたようなものであって、仏道を修行し仏法を体得するには、いずれも気が遠くなるほどの苦労と時間が必要なのだ。

この六句は、仏法を修行してそれを究《きわ》めるための基本姿勢を詠《えい》じた一段ですね。特にここでは、昔の先徳たちによる有名な途方もない足跡を引用して、学人はこれをお手本とすべしと教え示しているのであります。

例によって、見なれない言葉がありますから、まずそれを理解しておきましょう。

「古轍《こてつ》」とは、先徳の歩んだ道のこと。「十劫」は無限の時間ですが、特にここでは法華経の化城喩品《けじょうゆほん》に出てくるお話で、無限の過去に世に出られた大通智勝仏の故事を意味しているのです。つまり、この仏さまは十劫という長い長い間、ずっと道場で坐禅修行を続けたというものです。また、読みの上ではこの「十劫」に続いている「樹を観ず」は、じつは文献の上ではお釈迦さまの有名なボダイ樹下《じゅげ》の成道《じょうどう》にいたる前の坐禅修行をいうのでして、これも法華経の中で説かれるお釈迦さまご自身の言葉にもとづいているのです。ただしここでは、智勝仏の坐禅もそのようなものであったというのでして、釈尊の成道とは直接の関わりはないでしょう。

ところで、このボダイ樹でありますが、インドでは昔から霊力のある樹として信仰され、文字どおり菩提《ぼだい》（＝悟り）の木と呼ばれることからも、仏教の歴史では密接な関係が保たれています。ですから、ボダイ樹を観想するというのは、具体的には三昧の境地に安住することですが、また理念的には修行者が悟りをめざして努力精進するという意味でもあり、本段ではむしろ後者の意味で詠われているとみてよいでしょう。

ついでながら、禅宗でもボダイ樹は重要であります。第六祖をめぐる慧能《えのう》さまと神秀《じんしゅう》禅師による悟りの偈文《げもん》の競演という有名なドラマが語られていますが、そのテーマとして神秀は身をボダイ樹、こころを明鏡の台にたとえて詠じ、慧能は身もこころも本来は空《くう》であるとされたといいます。ちなみに、現在慧能さまが祀られている広州市の光孝寺《こうこうじ》には、慧能の到来を予言した智薬三蔵が、インドから将来したボダイ樹の老大木が繁っています。ともかくも、禅門にかぎらず、ボダイ樹は蓮やマンジュシャゲなどとともに、仏教史の上では大切な大切な植物ですね。

次に、「虎の欠」は右に意訳しましたので再説しませんが、これはのちの宋代の書物ではありますものの、かの有名な蘇東坡《そとうば》が著した『物類相感志《ぶつるいそうかんし》』という本の中に意味が出ております。この書物は、同類のモノ同士はそれぞれ感応《かんのう》して変化するさまを、水と湿気であるとか火と乾燥などの例によって示し、それらに対処する方法を述べたものです。

また、「馬の馵《よめ》」も宋代の高官、司馬光《しばこう》らが編集した勅撰の『集韻《しゅういん》』の中に解説されていますが、馬の後脚の左側に白い毛があるのを「馵」といい、これは夜行に幸便なので、それができた馬を名馬とするのだそうです。いずれにしても、虎が人間を喰《くら》うたびに耳に裂傷ができるのを誇るとか、馬の足に白毛ができるのを名馬とするなど、これはいずれも人間の勝手な価値観でありまして、虎や馬自身の知るところではありませんね。それはそれとして、これらの例示はいずれも途方もない時がかかるもののたとえとして、仏道修行について引用されたのであります。

さて、このように語句の原意を中心にしてみると、この段の眼目は大通智勝仏のあとかた、つまり並はずれた長時の坐禅修行が高く評価され、そうした努力精進こそ学人の模範とすべきことが詠われている点にある、とみられましょう。ところが一方、禅宗ではこれが悪く評価される例もありまして、この行跡は法華経の原意とは別に、しばしば参究の対象とされているのであります。

たとえば、洞山さまより先輩の百丈《ひゃくじょう》禅師は、この智勝仏の坐を悟りへの執着《しゅうじゃく》とみて評価などしません。また、洞山さまと同時代の臨済禅師は、これをボサッとしての徳目を履践《りせん》しているのだと高く評価しています。有名な宋代の『無門関《むもんかん》』第九則では、清譲《せいじょう》和尚の言葉として、「智勝仏は仏にならないままでよいのだ」とあるのをとりあげて、撰者の無門和尚もこれを肯定している、といったぐあいです。

このように、禅宗では智勝仏の坐に対する評価はさまざまでありますが、それを弁道《べんどう》修行の上にどう生かしてゆくか、という点では同じ地平におかれているとみるべきでしょう。

仏祖はさまざまな手段で教え導く

下劣有《げれつあ》るを以《もっ》て、宝几珍御《ほうきちんぎょ》
驚異有《きょういあ》るを以て、狸奴白牯《りぬびゃっこ》

【訳】一方、仏祖の方々はさまざまな方便や手だてをもって、仏法の教化につとめられる。たとえば、世間に仏法を学び受け入れるための機根が劣っている凡夫《ぼんぷ》があれば、あたかもきらびやかな衣装を身にまとい、金銀宝玉をちりばめた椅子脚台に座って、尊貴《そんき》この上もない仏身や仏徳でもって仏法を示されるのだ。

また凡夫がただそれを驚きあやしむばかりの場合には、今度は猫や白牛のような仏法をまったく理解できぬものに向かう時のように、みずから凡夫と同じ身となって彼らの中に入りこんで、教化や救済につとめるのだ。

この短い四句は、前段で詠じられたような、仏道を求め仏法を実践する学人の自利的な修行からは一転して、今度はその仏道でもって一般民衆を教化し救済する、いわばボサツの慈悲行を詠じて、学人に対する教化のお手本を示している一段であります。

用語としては、まず「下劣」という語は今日的にはあまりよくない表現ですが、ここでは下品でいやしい性格とか、頭のよしあしや身分職業的な意味ではなく、仏法を学び身につけるということに関して、そうした機根の低い人という意味です。いうまでもなく、頭脳は聡明であっても、仏法嫌いな人は世間にけっして少なくないのですね。

「宝几珍御《ほうきちんぎょ》」とは、金銀宝玉をちりばめた椅子脚台をもつ玉座《ぎょくざ》と、錦繍《きんしゅう》綾羅《りょうら》で織った貴人の衣装ですから、ともにとてつもなく貴く気高い仏徳のたとえ。対照的に「狸奴《りぬ》白牯《びゃっこ》」は、狸は野猫で白牯は白牛、いずれも仏法を理解しない凡夫のたとえとして表現したもの。悪い言葉のようですが、禅宗では無分別者《むふんべつしゃ》(これは悟った人というよい意味)のお手本としてよく用いられる語でもあります。禅語には文字面《づら》では判断できない用法が少なくありませんから、注意しなければなりませんね。たとえば、お釈迦さまのことを「大賊者」などと称して、じつは讃嘆した言葉なのですから。

ところで、この四句はもうお分かりの方もおられるでしょう。そうです、この一段は、お釈迦さまの偉大な教化の方便として法華経の信解品《しんげぼん》に説かれている、あの有名な「長者窮子《ちょうじゃぐうじ》」または「跉跰窮子《れいへい》」として知られるたとえにもとづいて詠われているのであります。このお話を簡単にご紹介しておきましょう。

昔、長者の息子が父を捨てて他国に流浪《るろう》し、困窮して貧しい身となり、数年を経て故郷に帰り長者の家に至った。父は一見してわが子と知ったが、子は、見れば獅子の座にすわり足を宝几《ほうき》の上に乗せ、瓔珞《ようらく》で身を飾った貴人に驚いて、それが父とは分からず悶絶した。そこで父は方便として雑務などをさせ、次第に接近誘引《ゆういん》して、遂に臨終に際して父子の名乗りをして家財を与えた、という物語です。このお話は、衆生がもともと自分が仏であることを知らずに、妄念につつまれてあたら迷界に流されているのを、仏が憐れんで方便して教化し、やがては成仏に導いた、という衆生化導《けどう》のたとえとされているものです。

こうしてみると、本段で説かれている主旨はといえば、仏法の修行実践には、前段で説かれた学人側による向上のボダイ志向性とともに、ボダイを得た仏祖の側からの教化面もまた重要な徳目とされていることが理解されます。

と同時に、わたくしは洞山さまが無類の慈悲深いボサツのような禅師であったことに思いをはせるのです。これはけっして偶然の一致とは思えないからであります。ともあれ、このあたりの一段は、広く禅門の慈悲行を示す語句ととらえてよいでしょう。

仏祖のはたらきはまるで神業のよう

羿《げい》は巧力《ぎょうりき》を以て、射《い》て百歩に中《あ》つ
箭鋒《せんぽう》相《あ》い値《お》う、巧力、何ぞ預《あず》からん
木人《ぼくじん》、方《まさ》に歌い、石女《せきじょ》、起《た》って舞う
情識の到るに非《あら》ず、寧《むし》ろ思慮《しりょ》を容《い》れんや

【訳】この真実の仏法を体得した者は、自由自在なこころのはたらきが可能となるのだ。たとえば、古代に弓の名人として知られた楚《そ》の国の養由基《ようゆき》が、百歩も離れた柳の葉を射て百発百中であったように。

また、同じく古代の弓の名手、飛衛《ひえい》と紀昌《きしょう》の二人が射た矢は、なんと箭鋒《やじり》と箭鋒が空中でぶつかって落ちたといわれる。これらはいったい、いかなる妙技なのであろうか。いな、それは人間の技術的な業《わざ》をこえた不可思議なはたらきなのだ。

といっても、それはけっして手品や幻術などではない。いわば、木製の人形が歌を歌えば、それに合せて石彫りの女性が起ち上がって舞を舞い始めるような、無我無為《むがむい》の世界といってよい。

したがって、こうしたありさまは、人間の常識的な思慮や分別《ふんべつ》をまったくこえた境地なのであって、まことに仏祖による不可思議なはたらきなのだ。

この八句は、これまでにさまざま説かれてきたような真実の仏法を、完全に体得した者（仏祖）のはたらきの妙力を、有名な故事やたとえによって詠じている一段であります。

まず、語句を見ましょう。「羿《げい》」とは中国古代の官職名で、弓を射る役。ここに引かれる弓の名人養由基は、孔子と同じ春秋時代の人で、右の故事は『漢書《かんじょ》』の中に出ています。また「箭鋒相値」は、次の戦国時代に成った『列子《れっし》』という古典に見られる弓術の師弟の故事。前に述べた石頭《せきとう》さまの『参同契』の中にも、「理応ずれば箭鋒拄《せんぽうさそ》う」という表現で引かれていますから、この師弟の妙技の話はよほど有名な故事だったのですね。

「木人《ぼくじん》」と「石女《せきじょ》」は、文字どおりの意味です。いうまでもなく、両者ともこころや意識はありません。ですから、木人が歌い石女が舞うというのは、要するに人間が無我無意識のうちに行なう妙なるこころのはたらきをたとえているのです。文字の上からだけで、あり得べからざることなどと受けとってはなりません。むしろ、意識も行動もない木人や石女たちに、思わず歌舞というスタンドプレーをさせるほど、仏祖によるはたらきはすばらしいと受けとめてもよいでしょう。

また、「情識」とはあれやこれやと思慮分別するこころの作用をいいますが、仏教ではこれは凡夫の迷いのこころのはたらきとされています。なぜならば、「情」は眼耳鼻舌身《げんにびぜっしん》という五つの感覚器官によって起こす情欲であり、「識」はそれらを認識するはたらきです。つまり、情識とはモノをむさぼってそれに執着するこころですから、もう典型的な迷いといってよいでしょう。仏法を得た人が情識をまったくこえているのは、当然のことで、だからこそ、迷いに溺れている人びとの筏《いかだ》となることができるのであります。

仏道の実践は社会倫理の実践に似ている

臣《しん》は君《きみ》に奉《ぶ》し、子は父に順《じゅん》ず
順ぜざれば孝《こう》にあらず、奉《ぶ》せざれば輔《ほ》に非《あら》ず

【訳】 こうした真実の仏法を学ぶ道は、一般世間で行なわれている君臣や父子の道と、なんら異なるものではない。すなわち、臣は君によく仕《つか》え、子は父によく従うところに、忠孝の道が厳然と行なわれているのである。

ところが、反対に子が父に従わなければ、それは不孝であり、また臣が君に奉仕しなければ、それは輔護《ほご》とはいえず、とうてい忠孝の道など成りたたぬ。それと同様に、仏法を学ぶ学人《がくにん》は、必ずその仏法を信受《しんじゅ》し奉行《ぶぎょう》しなければならないのだ。

この短い四句は、次段の四句とともに本書の結びであります。内容は、本書の教えでありま す正しい仏法を後世にまで伝え広めるため、教えを実践し相続してゆくようにと、信をすすめ疑いを誡《いま》しめています。こうした構成は、ちょうど経典の末尾と同じであります。

この一段には、特に難解の語句はありません。ただ、「君臣」の言葉は見のがせませんね。なぜならば、洞山さまには君臣に関する問答が古くから伝えられているからです。また、前に紹介しました洞山さまの「偏正五位《へんしょうごい》」の教えを、お弟子の曹山さんが君臣のたとえで説明した「君臣五位」の教えがあることなどからであります。そこで、ここでは前者の問答だけを簡単にご紹介しましょう。典拠は『祖堂集《そどうしゅう》』（九五二）巻六の洞山条です。

僧、「昔、戦国時代の六国《りっこく》が不穏《ふおん》だったのはなぜですか?」

洞山、「臣が無力だったからさ」

僧、「力があれば、どうなっていたでしょう?」

洞山、「国中平穏さ」

僧、「平穏だとどうなります?」

洞山、「大君も臣下も道が合致するさ」

僧、「臣下が向上したらば?」

洞山、「大君があるとも気づかんワィ」

若干のコメントが必要ですね。君が正（＝理念）で臣が偏（＝現実）ですから、両者の道が合致するというのは理念と現実がたがいにそれぞれを含むことをいうのです。現実が向上して理念に合致する時は、すでに道をもこえて両者がしっくりとゆく理想的なあり方を示すものでしょう。道元さまの只管打坐《しかんたざ》の坐禅がお悟りのすがたであるというのは、おそらくこうしたあり方なのでしょうが、やはり凡夫ではなかなか大変ですね。

そこで、仏法の実践には信受奉行《しんじゅぶぎょう》ということが大切となってまいります。仏祖の教えをしっかり受け奉じ、それを不断に実践せよと詠じられるのです。私たちは実践する行為に価値を感じなかったり、成果が得られないと、なかなか継続できませんね。ですからこそ、仏法実践の行為それ自体にすばらしい価値があるんだという禅の教えは、それを乗りこえられる大きな慈船なのではないでしょうか。

なお、君臣とか父子の道などというと、現代日本人の感覚で古い道徳観念だワィときめつけてはなりません。唐代の昔、こうした社会が当然という共通の認識を背景としていたことを理解しないと、古典はぜんぜん読めないからです。

実践の継続が重要

潜行密用《せんこうみつよう》は、愚《ぐ》の如く魯《ろ》の如し
只《た》だ能《よ》く相続するを、主中《しゅちゅう》の主《しゅ》と名づく

【訳】　仏法を信受奉行するというのは、なにも特別なことをするのではない。目立たぬ日常の平凡な生活の中に、仏祖の守られた行為を人知れず行なうことである。それは、ハタから見るとても愚直で鈍漢の行ないのように、何の見栄もてらいもないのがよいのだ。
　そしてなお肝要なことは、そうした行為も十年一日の如く常に継続してゆくことである。それができた時、それこそおのれの主体が真に確立したといえるのだ。

結びの四句が格調高く詠じられています。語句はやさしいのですが、その内容はきわめて深いものがあります。
「潜行密用」という言葉は、「潜行」も「密用」もほとんど同じ意味でして、ひそかに行なうこと、人知れずになすことです。つまり、綿密な行動でありながら、精神的には名利《みょうり》や果報や霊験などの目的とはおよそ異なる無我、無為、無欲で行なう実践であり、禅宗では大切な徳目とされています。「愚」と「魯」もほとんど同意味であって、ともに愚か者に見えるほどというたとえとして、かえって重んじられている文字であります。それは、こうした文字のついた名前の人が禅宗には少なくないことからも、容易に知られるところです。あの良寛さんも、号は「大愚」でした。

ところで、「五位」の教えのような理念と現実の一致という理想は、実際にはなかなかの困難事であります。仏法の修学者であっても、よいことは人に知られたい、見られたい、という見栄や虚栄のこころがどこかに潜んでいるからです。禅の修行には生まれも学歴も年齢も忘れて、ひたすら「すなおになり切る」「バカになる」という姿勢が求められるのは、まさにそのためなのですね。それも一時だけではダメなのであって、不断の持続が大切であり、それには努力精進を惜しまない意志堅固さが前提となることはいうまでもありません。

「主中の主」については、臨済禅師の語にもありますが、「相続」の語とともに用いられるのは、やはり洞山さまと一僧との問答の場合だけのようです。

僧、「どういうのが主中の主ですか?」

洞山、「きみ自身でいってみな」

僧、「私がいうとすれば客の中の主です」
洞山、「口軽にいうな、とにかく相続が大変だぞ」（『祖堂集』巻六）

ここで洞山さまが僧をたしなめ問題としているのは、客に対する主人ではなく、おのれの真の主体としての主人公のことなのですね。だからこそ、それをはっきりと確立してずっと持続するのは大変だ、と教えているのでありましょう。あたかも、この問答のテーマが『宝鏡三昧』の結句と同じ趣旨でありますことは、大変注目されます。本書が洞山さまの作品とする説を、ここでも補強するからです。

洞山さまを「高祖」と讃仰《さんごう》される道元禅師は、真実の仏法を学ぶ者は永遠に無私無我の仏道修行を不断に持続すべきことを、常に説示されました。平成二一年正月に百八歳で遷化《せんげ》された、当時の永平寺貫首宮崎奕保《えきほ》禅師などは、みごとに生涯これを貫徹されたのです。このように、洞山さまの仏法は、時代をこえて禅宗の中に活き続ける命脈となっているのであります。

『参同契』と『宝鏡三昧』の注解書

古来、両書の注解書は多数あるので、ここには古書類は省略し、比較的閲覧可能なものだけを掲載する。

・保坂玉泉『参同契・宝鏡三昧・洞上五位説　現代講話』鴻盟社、昭和三四年九月初版
・澤木興道『宝鏡三昧吹唱講話』（澤木興道全集、第一四巻）大法輪閣、一九六五年六月初版
・岸澤惟安『参同契葛藤集・宝鏡三昧講話』大法輪閣、昭和四六年三月
・鏡島元隆訳『参同契・宝鏡三昧』（世界古典文学全集36b、禅家語録Ⅱ）筑摩書房、昭和四九年二月
・柳田聖山編『禅の文化　資料編』（『禅林僧宝伝』訳注（一）、曹山本寂条）京都大学人文科学研究所、昭和六三年三月（のちに柳田聖山集第三巻『禅宗文献の研究』下、法蔵館、二〇〇六年五月、に移録）
・西嶋和夫『般若心経　参同契　宝鏡三昧提唱』金澤文庫、平成九年一一月初版
・原田雪溪『宝鏡三昧普説』ペンハウス、平成二五年一二月初版

・木橋澄円『参同契宝鏡三昧略解』（曹洞宗全書、注解一、曹洞宗宗務庁、昭和一一年七月初版、昭和四七年九月覆刻）
・面山瑞方『参同契吹唱』（続曹洞宗全書、注解一、曹洞宗宗務庁、昭和五〇年一月）
・呑海『参同契揚泥篇』（同右）
・光如瑞『参同契語窠窟』（同右）
・光如瑞『宝鏡三昧演若多子』（同右）
・面山瑞方『宝鏡三昧吹唱附歌論』（同右）
・斧山玄鈯『宝鏡三昧吹唱聞解』（同右）
・斧山玄鈯『参同契宝鏡三昧吹唱事考』（同右）
・卍山道白『参同契宝鏡三昧書紳稿』（同右）

付録

『参同契』の性格と原文
『宝鏡三昧』の諸本

『参同契』の性格と原文

一、問題点

『参同契』『宝鏡三昧』の二書は曹洞宗門にあっては、きわめて重要視される作品であります。すなわち、近世初期ごろからと思われますが、これらのすぐれた偈頌作品は、曹洞宗寺院では朝課諷経中の「祖堂諷経」の際に読誦されて、今日に至っています。また、同じように近世以降は両偈頌に対する注解書の類が陸続として著わされ、これまた今日におよんでいるのです。これらの事実はいずれも、曹洞宗門においての両偈頌に対して歴史的重視の伝統を示すものであります。

ところで、このように両偈頌が古くから重んじられてきた理由を考えてみますと、第一には、これらの両偈頌が石頭希遷と洞山良价という二人の祖師の撰述とされていることであり、第二には、これらの作品がともに偈頌の形態によって、中国曹洞宗の宗風を簡潔に詠いあげているとみられていること、などが指摘できるでありましょう。周知の通り、禅宗史の上で、石頭は青原系統においては事実上の派祖といってもよく、洞山は曹洞宗という宗名の基となった宗匠にほかなりません。したがって、こうした両祖師による作品が重んじられるのは、一宗としては当然のことといえましょう。

ところが、歴史的にみますと、両偈頌に対する扱い方には、中国大陸と日本、近世以前と以後、などの別によって、かなり親疎の度合いが認められるようであります。たとえば、両偈頌に対する注釈書の状態を『禅籍目録』の所載によって判別しますと、『参同契』は約六〇種、『宝鏡三昧』は約七〇種が数えられますが、大陸人による撰述は、わずかに、前者が三種、後者が四種あげられているにすぎません。また、日本においての近世以前の注釈書としましては、両偈頌とともに、ただ南英謙宗（一三八七～一四六〇）による一点ずつの作品が所載されているにすぎず、しかもそれらは岸澤文庫に所在するとされる未公開の珍籍であります[1]。

これに対して、わが近世江戸期においての両偈頌に対する参究の状況は、まさに百花繚乱の感を抱くほどなのであります。すなわち月舟・卍山・徳翁・連山・天桂・指月・万仭・面山・瞎道・斧山・月湛など、いわゆる近世曹洞宗学を彩る錚々たる宗匠たちによって、あたかも競うかのように両偈頌への注釈書がつくられているからであります。ただし、彼等が参考として用いた大陸の先行資料といえば、『参同契』については、雪竇重顕（九八〇～一〇五二）の『著語』、瑯琊慧覚（生没年不明）の『科』、永覚元賢（一五七八〜一六五七）の『註』などでありますし、『宝鏡三昧』については、雲外雲岫（一二四二〜一三二四）の『玄義』や永覚元賢の『註』などであります。

右のように、両偈頌ともに元賢の『註』が依用されることには注意を要します。なぜならば、この元賢による二つの『註』は、ともに『洞上古轍』の巻頭に所録されているからです。『洞上古轍』二巻は、元賢の法嗣であります為霖道霈が崇禎一七年（一六四四）に編集し、康熙年間（一六六二〜一七二二）に刊行されています。本書は、元賢の自序によりますと、正しい五位の宗旨を挙揚するために、その書名のように、曹洞宗の歴史上の古轍を編集して二巻としたものです(2)。この書は、刊行直後に日本に伝えられるや、大いに注目をあつめたようで、延宝元年（一六七三）から享保九年（一七二四）までの五一年間に四回もの刊行がなされ、また、その注釈書が続々とつくられているほどです(3)。いかに本書が、当時の曹洞宗の学者たちによろこばれたかの証左でありましょう。

いったい、明代末期にあって曹洞宗を代表する学匠であります元賢・道霈の父子が、日本曹洞宗の江戸宗学に与えた影響のいかんについては、まだほとんど未開拓の重要な研究課題でありますが、少なくとも、この『洞上古轍』二巻の盛行は、大陸の曹洞禅を五位思想を中心として把握するための、絶好の指針とみなされたからでありましょう。したがって、その巻頭におかれる両偈頌は、絶好の参究対象とみなされたでありましょうことは、容易に推察されるところです。

それはともかくとして、前掲のような注釈書類の傾向によりますと、『参同契』『宝鏡三昧』の両偈頌は、歴史的にみて、中国ではあまり流行しなかったことが察せられます。一方、日本にあっても、近世以前にはあまり参究の対象とはされなかったことが推測されるのであります。これに対して、江戸期になりますと、曹洞宗学の基本的な参究書として、両偈頌に対する関心が急激に高揚されるにいたったことが判明します。それは、ほかの中国で撰述された禅録一般の中でも、たしかに特異な立場にあるといえるでしょう。

こうして、右のような状態は、曹洞宗門で中世から重んじられてきた『信心銘』『証道歌』『宏智頌古』などの韻文作品とともに、偈頌を重視する傾向、あるいは、すぐれた偈頌によって大陸の禅を理解しようとする傾向を内在していることが示唆されます。少なくとも、それは『少室六門集』や『六祖壇経』、洞山・曹山・宏智・如浄たちの語録類、などの参究よりも、むしろ大きな比重がかけられていたことは、ほぼまちがいありません。ですから、極言をするならば、近世以降の曹洞宗学にあっては、中国曹洞禅の思想禅風を、『参同契』『宝鏡三昧』の二偈頌によって代表させるような理解と参究態度が、伝統としてつちかわれてきたことを思わしめるのであります。

筆者は、今ここでは、こうした宗門の学問的傾向について究明することを目的とするつもりはなく、また、これほど重視されてきた両偈頌の思想禅風について論述する意図もありません。こうした両偈頌の基本的性格をふまえながら、以下の小稿では、特に文字語句の相違が多い『参同契』をとりあげ、その書誌とテキストに関する検討を試みたいと思います。それは、該書の基礎的研究にとっては、大変重要な分野と思われるからであります。

二、成立とその意図

『参同契』一篇は、周知されている通り、石頭希遷（七〇〇～七九〇）の作品であります。五言四四句から成る偈頌であり、偶数の句の末尾に韻がふまれています。このように短い作品のためか、単独の単行書としては伝わらず、さまざまな叢書や叢伝の中に含まれてのみ伝えられてきました。その中で最古のテキストは、石頭の寂後から一六〇余年を経た『祖堂集』（九五二）巻四の石頭章中のものであります。『宝林伝』（八〇一）巻一〇[4]や『宋高僧伝』（九八八）巻九の石頭章[5]は、いずれもかれの著作についてはは何もふれていません。では、『参同契』を石頭の作品とする最古の典拠は何でしょう。それは、目下のところ、『景徳伝燈録』巻二四に所録される法眼文益（八八五～九五八）の語句でありましょう。

見ずや、石頭和尚は因《ちな》みに『肇論』を看《み》て云わく、「万物を会《え》して己れと為《な》す者は、其れ唯《た》だ聖人《しょうにん》のみか」と。他家《かれ》は便《すなわ》ち道《い》う、「聖人は己れなくして己れならざる所靡《な》し」と。一片《わずか》の言語《さくひん》あり、喚《よ》んで『参同契』と作《な》す。末上《はじめ》に「竺土大僊の心」と云うは、此の語を過《こ》えることなきなり。中間は也《ま》た、只《た》だ時の説話に随うのみなり。上座《おしょう》よ、今、万物を会して己れと為し去《ゆ》かんと欲《せ》ば、蓋《なん》ぞ大地を一法として見るべきもなしと為《な》す。他《かれ》は又《ま》た人に嘱《めい》じて云わく、「光陰、虚《むな》しく度《わた》ること莫《なか》れ」と。適来《いま》、上座に向って道《い》うは、但《た》だ時に随い節に及《よ》んで便ち得きのみ。若也《もし》、時移り候を失せば、即ち光陰虚しく度らん。(6)

（原漢文、以下同）

右の文中で、資料的に注意しなければならないのは、石頭が『参同契』を著わす動機までもが法眼によって語られていること、および、この作品の首尾二句に対する法眼のコメントが収録されていることであります。もともと、法眼には『参同契』の注釈であります、『註』が存在したものの、すでに古くから失われたといわれます。『洞上古轍』巻上に述べるところです。法眼は石頭の寂後、九〇余年をへだてた八八五～九五八の人でありますから、右の『景徳伝燈録』の文を信じるとすれば、貴重な所説と引文というべきであります。

ただし、『参同契』からの引文にかぎれば、法眼のものが最古ではありません。『祖堂集』（九五二）巻一七の長沙景岑章に見えるものは、さらに古いのです。

問う、「如何《いか》なるか是れ、色本《しきも》と質像《しつぞう》を殊《こと》にす？」。師曰《い》わく、「尽十方《ありとあらゆる》世界《せかい》、是れ什麼《なん》ぞ？」。進んで曰《い》わく、「如何なるか是れ、声元《しょうも》と楽苦を異にす？」。師答えて曰《い》わく、「将来《もってこい》、将来」[7]。

長沙和尚景岑は、生没年こそ不明ではありますが、南岳下第三世の南泉普願（七四八～八三四）の法嗣《はっす》ですから、石頭からわずか五、六〇年後の人であって、法眼よりもはるかに古いのです。あたかも、この人には多くの偈頌が伝えられていて[8]、偈頌を得意としていたことが知られます。したがって、右文のように、長沙と僧との間に『参同契』の語句をテーマとする問答がなされたとしても、きわめて自然といえます。と同時に、当時この偈頌が、すでに江南禅林の間で、明らかに参究の対象とされていたことを知らしめる証拠としても重要であります。その他、唐代の語録類を精査すれば、『参同契』からの引文や所説は、ほかにも見出せるでありましょう。

このように、引文や所説が石頭の年代に近いことは、『参同契』一篇が石頭の親撰であることを裏付ける有力な文献史的根拠となるものです。この点、のちの『宝鏡三昧』の場合にまさります。ただ、それでは石頭一門の宗風とは、いかに対応するでしょうか。大まかにみれば、たしかに石頭系統からは、偈頌の作品が続出しています。山居を愛する禅風により、修道の楽しみや悟りの境地をうたう偈頌類が多いからであるといわれます。(9)同じ石頭の作とされる『草菴歌』一篇なども、まさしくこうした傾向の偈頌といえましょう。

ところが、『参同契』一篇には、仏法における理と事、明と暗、回互と不回互などの関係が説かれ、単なる修道偈・楽道歌の類とはやや趣を異にします。同名の道教の作品が、本体論・宇宙論・人生論などを説いて世に行なわれていたのに対して、仏教のそれを明らかにしたもの、とみる評価はおそらく妥当であります。(10)たとえば、末尾の二句、「謹白参玄人、光陰莫虚度」からも知られるように、本偈頌は明らかにある意図的な著作とみるべきでありまして、自然発生的な山居詩とは一線を画するものといえるからです。こうして、本偈頌がのちに『宝鏡三昧』とともに、曹洞宗門の五位思想を示す先駆的な作品とみる理解参究の傾向が生じるのは、宗風をあえて古い伝統と権威とに求めようとするための先入観的な態度として、あながちに否定できない性格を基調にもつ作品であることを知るべきでありましょう。

三、テキストの問題

敦煌出土文献の中に、禅門の偈頌は必ずしも少なくはないのですが、『参同契』は見出されていません。その理由はどうであっても、わたくしたちは旧来のテキストによらなければなりません。ところが、現存最古のテキストであります『祖堂集』本をはじめとして、中国の古い伝本類と日本江戸期の流布本との間には、文字にかなりの差異があることが注目されるのです。そこで、『参同契』を含む大陸の古い文献類五種と、わが国の流布本中の代表的な二種とをえらんで、比較的古い伝本によって七本対校を試みることにしました。底本、および校本は次の通りです。

〔底本〕『祖堂集』（九五二）巻四　広文書局刊影印本
〔校本〕1『景徳伝燈録』（一〇〇四）巻三〇　四部叢刊所収宋版……景
2『瀑泉集』（一〇三〇）四部叢刊所収宋版……泉
3『人天眼目』（一一八八）巻下　五山版、東洋文庫蔵……人
4『禅門諸祖師偈頌』（北宋末頃）巻下　承応三年刊、駒大蔵……偈
5『参同契不能語』（一七三六）享保二一年序刊、駒大蔵……不
6『参同契吹唱』（一七六七）明和四年刊、駒大蔵……吹

竺土大仙[1]心　東西密相付[2]
人根有利鈍　道無南北祖
霊源明皎[3]潔　枝[4]派暗[5]流注
執事元是迷　契理亦非悟
門門一切境　廻[6]互不廻[7]互
廻[8]而更相渉　不尒[9]依位住
色本[10]殊質像[11]　声源[12]異楽苦
暗[13]合上中言　明暗[14]清濁句
四大性自復　如子得其母
火熱風動揺　水湿[15]地堅固
眼色耳声[16]音　鼻香舌鹹醋[17]
然於一一法　依根葉分布
本来須帰宗　尊卑用其語

1 仙—僊(景)(泉)(人)(偈)(吹)
2 付—附(不)(吹)
3 皎—皓(不)(吹)
4 枝—支(不)(吹)
5 暗—闇(泉)(人)(偈)
6・7・8 廻—回(不)(吹)
9 尒—爾(景)(泉)(偈)(不)(吹)
10 本—元(人)(不)(吹)
11 像—象(吹)
12 源—元(景)(泉)(人)(偈)、本(不)
13 暗—闇(泉)
14 暗—明(景)(泉)(人)(偈)(吹)、分(不)
15 湿—溼(不)
16 声音—音声(景)(泉)(人)(偈)(不)(吹)
17 醋—酢(不)

当明中有暗　勿以明[18]相遇
当暗中有明　勿以暗[19]相覩
明暗各相対　譬[20]如前後歩
万[21]物自有功　当言用及処
事存函蓋合　理応箭鋒住[22]
承言須会宗　勿[23]自立規矩
触目不見道[24]　運足焉知路
進歩非遠近[25]　迷隔山河耳[26]
謹白参玄人　光陰勿[27]虚度

18明―暗(景)(泉)(人)(偈)(不)(吹)
19暗―明(景)(泉)(人)(偈)(不)(吹)
20譬―比(景)(泉)(人)(偈)(不)(吹)
21万―萬(景)(泉)(人)(偈)(不)(吹)
22住―拄(景)(泉)(偈)(不)(吹)、柱(人)
23勿自―自勿(吹)
24見―会(景)(泉)(人)(偈)(不)(吹)
25遠近―近遠(景)(泉)(人)(不)(吹)
26耳―固(景)(人)(不)(吹)ナシ(偈)、爾(泉)(偈)
27勿―莫(景)(泉)(人)(偈)(不)(吹)

右の対校によるかぎりでは、『参同契』の全二二〇文字中、正字俗字などの別を除いて、二七箇所にわたって異同のあることが知られます。そして、これらの異同によって、各本の間には大まかに次のような関係が指摘できるのです。

（一）『祖堂集』本は、最も文字の異同が著しく、独特のテキストです。
（二）『景徳伝燈録』以下、中国撰述の四文献には、それぞれ独自の文字が二～四字ずつ見られるものの、たがいに近似の関係にあります。
（三）日本江戸期の注釈書二種は、たがいに独自の文字が三～四字ずつ見られますが、ほぼ類似の関係にあり、全体としては（一）よりも（二）に近いといえます。

次に、個々の具体的な例として、文字の異同が特に顕著な場合について考えてみましょう。まず、見るように、右の二七箇所のうちには、音通の文字、または同義異字である場合が圧倒的に多いことが指摘できます。いうまでもなく、違う文字でも音通であれば、偈頌としてのリズムは不変でありますから、時代が下るにつれて、オリジナルな文よりも、よりふさわしい文字が用いられてくるのが通例であります。また10「本―元」や27「勿―莫」、などのような同義異字も、韻に関係のない場合は、互用されたり変化したりすることは、けっして珍しくありません。したがって、前述のような本偈頌の基本的性格を考慮すると、これらの文字の異同が生ずる理由は、さして問題とするには足りないでありましょう。

問題は、それ以外の、14・16・18・19・22～26などの場合です。これらは、いったいどの文字が古型なのでしょうか。

まず、14には三通りの異同がありますが、文意からは〝明〟がよく、流布本のみに見られる〝分〟は、後代に発展した形を示すものとみられましょう。

18と19は、〝明〟と〝暗〟とが逆の位置におかれる『祖堂集』独特の文体であります。しかし、該当する句の文意からは、「明中に当って暗あり、明相を以て遇うこと勿れ、暗中に当って明あり、暗相を以て覩ること勿れ」とある『祖堂集』本は、他の諸本よりも自然的な表現であるといえるでしょう。

22にも三通りの異同がありますが、『祖堂集』本の〝住〟は七虞の韻ですから、前後関係からすれば最もふさわしいといえ、意味も安住の義であれば、一向にさしつかえありません。次の23は、語法上から見て『吹唱』本の〝自勿〟は誤りでしょう。また、24の『祖堂集』のみに見られる〝見〟は、「まみえる」の意味ですが、他の諸本にある〝会〟のほうが、文意としてはより徹底しています。

25の〝遠近〟と〝近遠〟は、いずれでもよいですが、『祖堂集』と『諸祖師偈頌』両本の〝遠近〟のほうに、より自然的な味わいが感じられましょう。また、26の〝固〟と〝爾〟については古来から問題にされていますが、『祖堂集』本の〝耳〟はまったく独特です。韻の上からは、〝爾〟も〝耳〟も通韻とはならず、〝固〟は七遇の韻でありますから、これが最もふさわしいといえるでしょう。

以上の検討によって、『参同契』の本文には、異本によって一長一短のあることが判明します。もとより、安易に最善本や校訂本を作成することはできません。ただ、現存最古のテキストであります『祖堂集』本こそは、おそらく石頭の親作に最も近い資料であって、未整理の自然的なかおりがあります。これに対して、『景徳伝燈録』本以後の諸本には、しだいに整理・発展の形跡がうかがわれ、日本の注釈流布本二種にあっては、それは最も著しいといえます。おそらくは、全文について同じような傾向をもつ、権威ある『伝燈録』が編集された時点で、まず字句が整えられ、それが後代の基準となって、しだいに整理・発展していったものでありましょう。したがって、『祖堂集』本こそは、資料的に最も重要であることを指摘して、小稿を結びましょう。なお、『宝鏡三昧』に関する基礎的な諸問題については、他日を期したいと思います。

【註】

（1）筆者がかつて閲覧調査した該書は、『参同契』に対する南英謙宗の解（和文）が四紙余、『宝鏡三昧』に対する南英の注（漢文）が一八紙半、康正丁丑（一四五七）孟春の年記がある南英の記、その他、が連写合冊されている。

(2)『曹洞宗全書』注解五(二七九a~b)

(3)『新纂禅籍目録』(一四八c~一五一a)

(4)拙稿、「『宝林伝』逸文の研究」(『駒澤大学仏教学部論集』第一一、昭和五五年一一月)参照。

(5)T五〇(七六三a~七六四b)

(6)T五一(三九九b)

(7)『祖堂集』(台北、広文書局、民国六一年九月影印)(三三〇a)

(8)『祖堂集』には一三の偈頌が収録されている。

(9)柳田聖山「中国禅宗史」(『講座禅』第三巻、禅の歴史―中国―、筑摩書房、昭和四二年一〇月)(六〇~六一)。田中良昭「修道偈I」(『敦煌仏典と禅』〈講座敦煌8〉、大東出版社、昭和五五年一一月)等参照。

(10)鏡島元隆「参同契・宝鏡三昧」(『講座禅』第六巻、禅の古典―中国―、昭和四九年二月)解題(一二八a)を参照。

『宝鏡三昧』の諸本

一、問題点

『参同契』『宝鏡三昧』という二つの両偈頌作品は、禅門、特に曹洞宗門で重用されている作品であります。筆者は昔、前者についての文献史的な拙論を公にしたことがあるのですが、その時じつは、後者についても主要テキスト数本による対校を一応は行なっていました。[1]そののち、さらに新たな古いテキストの所在を求めていたのですが、『宝鏡三昧』については敦煌出土本はおろか、『参同契』のように『祖堂集』（九五二）のような古い燈史文献類の中にも含まれてはいません。つまり、文献研究の対象となるテキストは、宋代以後のものばかりだということが分かってきました。[2]

テキストの探索に加えて、『宝鏡三昧』を含む宋代以後の文献類には、その文献じしんの成立や刊行などに関する複雑な問題が存在しています。こんなわけで、該書の考究は永年にわたり棚上げしたまま、いたずらに歳月のみ経過してしまったのです。ですが、唐代の作品ですから、いまさら同時代のテキストを求めるなどは暁天の星であることを思い、ここに遅ればせながら現時点での文献整理をしておきましょう。今、原作者についてのことは、特に問題とはしません。

ところで、『宝鏡三昧』のような古い偈頌作品は、ほぼ例外なく大きな叢書や典籍の中に含まれて伝存していますから、その本文を対校する場合、依用する文献個々の成立や刊行や変遷などの基本的性格には特に留意しなければなりません。こうした観点から、以下『宝鏡三昧』を含む依用文献一〇余種について、まず言及しておきましょう。

ご承知のように、『宝鏡三昧』の作品を含む最古の文献は、覚範慧洪の『禅林僧宝伝』（一一二四）巻一曹山条のものです。[3] ところがこのテキストは、他の諸本とかなりの字句異同があるのです。のみならず、『禅林僧宝伝』の諸本間ですら全同ではないのです。つまり、『禅林僧宝伝』は永仁三年（一二九五）刊行の五山版を基準にしますと、明の嘉興蔵本には一字、わが近代の続蔵本には二字、近年の新文豊本には三字の、それぞれ相違（別字）があるのです。こうした問題はありますが、ここでは現存する最古の文献であります五山版を全体の底本としましょう。

次に、同じ覚範の『智証伝』という作品に附録され、覚範による本書最古の注釈書『雲巌宝鏡三昧（注）』があります。『智証伝』は古版が伝わらず、嘉興蔵本が最古でありますから、これをまず対校本とします。

禅宗各宗各派の綱要書『人天眼目』（一一八八）の曹洞宗の項目中に、『宝鏡三昧』が含まれています。ただし、同書の五山版・高麗版・嘉興蔵本の三者にはそれぞれ特徴があって、『宝鏡三昧』も一様ではないのです[4]。しかし、後代への影響という点も考慮して、これら三本をすべて対校本に用います。

宋末の燈史、『五燈会元』（一二五三）は幸いにも宋版が伝存し、その中の『宝鏡三昧』は清の龍蔵本やわが続蔵本とまったく同じであります。校本は宋版の影印本を用います。

次に、『重編曹洞五位』は成立が複雑であります。まず、唐代の古典集を高麗末に増補改訂し、これをさらに日本で改修したテキストのみが伝わっています。この巻末に元代の雲外雲岫（一二四二寂）の撰述した『宝鏡三昧玄義』が附録されていますが、これは日本での付加とされるもの。延宝八年（一六八〇）刊本が続蔵中に収録されていますので、これを用います。

かの有名な『景徳伝燈録』（一〇〇四）は、ふつうのテキストの中には『宝鏡三昧』が存在せず、万暦版などの朝鮮刊本の巻三〇にのみ含まれています。しかもこの万暦版は、かつて筆者が行なった文献史的な検討によりますと、洪武五年（一三七二）重刊の高麗版（存否未詳）と同一と認められます[5]。とまれ、対校本としては現存の万暦版を用います。

『宝鏡三昧』のわが国最古の注釈書は、南英謙宗の『宝鏡三昧註』であって、筆写本が岸澤文庫に伝存しています。これには康正三年（一四五七）の南英に依る貴重な後記が付せられています。[6]このテキストも校本に用います。

また、清初の永覚元賢による注釈の『宝鏡三昧註』は、かれの『洞上古轍』に収録されています。別に『永覚元賢禅師広録』にも収められていますが、日本に大きな影響を与えた前者を校本に用います。

いったい、洞山良价の語録には、明代編集の『五家語録』中のものと、日本で宜黙玄契編集の『洞山悟本大師語録』（一七三八）との二種があります。ですが、前者には『宝鏡三昧』が収められていませんので、後者を校本として用いましょう。ちなみに、後者を指月慧印が校訂した『筠州洞山悟本禅師語録』（一七六一）は、右の宜黙本と全同ではなく、若干の異同があるのです。

また近世の宗学者として後代に最も大きな影響を与えた面山瑞方にも『宝鏡三昧吹唱』（一七六二）がありますから、これも校本として用います。なお、連山交易や指月慧印による末疏なども注目されるのですが、いたずらに校本を多くして、問題を複雑にするのを避けて、ここでは依用しません。

二、『宝鏡三昧』一一本対校

以上によって、『禅林僧宝伝』本を底本とする『宝鏡三昧』の一一本対校を掲げます。ここに改めて各テキストの所在と略号を示しておきます。

1　『禅林僧宝伝』（一一二四）五山版巻一曹山条　東洋文庫蔵〔禅学典籍叢刊五、六a～b〕……㊜底

2　『智証伝』（一一三四）嘉興蔵本巻一〇附録「雲巌宝鏡三昧（注）」〔台北版中華蔵経二―三七八二三〕…㊜智

3　『人天眼目』（一一八八）五山版（一三〇三）東洋文庫蔵〔七七b～七九b〕……㊄

4　『同』高麗版（一三九五）巻中　ソウル東国大蔵〔二九b～三〇b〕……㊜高

5　『同』嘉興蔵本（一六四六）巻三〔中華蔵経二―三七八二三〕……㊜明

6　『五燈会元』（一二五三）宋版巻一三洞山条〔一九七一、台北広文書局、一一七八～九〕……㊜会

7　『重編曹洞五位顕訣』巻下「宝鏡三昧玄義」（～一二三四）〔Z六三、二一一a～二一二c〕……㊜玄

8　『景徳伝燈録』高麗版（一三七二）巻三〇→万暦本（一六一四）〔禅学叢書六、七一七b～七一八b〕……㊜景

9　南英謙宗『宝鏡三昧註』（一四五七）筆写本　旭伝院岸澤文庫蔵〔五a～二五a〕……㊜南

10　『洞上古轍』（一六四四）巻上「宝鏡三昧註」〔Z七二、五三七a～五三八c〕……㊜古

11　『筠州洞山悟本禅師語録』（一七六一）〔T四八、五一五a～b〕……(洞)
12　面山瑞方『宝鏡三昧吹唱』（一七六二）〔続曹洞宗全書、注解二、四〇二b～四二一a〕……(面)

この一二本対校に当っては、同字・異体字・正俗関係の文字、及び欠筆文字などについては校注の対象から除外しました。

寶[1]鏡三昧

如是之法　佛祖密付
汝今得之　其[2]善[3]保護
銀盃[4]盛雪　明月藏鷺
類[5]之弗[6]齊　混則知處
意不在言　來[7]機亦赴
動成窠臼　差落顧佇

1「雲巖」＋寶(智)、昧＋歌(景)(洞)
2其＝宜(高)(明)(会)(景)(南)(古)(洞)(面)　3其善＝善自(玄)
4盃＝盌(高)(明)(会)(景)(南)(古)(洞)(面)、盤(智)
5類＝顛(明)(会)　6弗＝不(明)(洞)(面)
7來＝表(玄)

背觸俱非　如大火聚
但形文彩　卽屬染汚
夜半[8]正明　天曉不露
爲物作則[9]　用拔諸苦
雖非有爲　不是無語
如臨寶鏡　形影相覩
汝不是渠　渠正[10]是汝
如世嬰兒　五相完具
不去不來　不起不住
婆婆和和[11]　有句無句
終必[12]得物　語末正故
重[13]离[14]六爻　偏正回互
疊而爲三　變盡成五

8半正＝正半（智）
9則＝主（玄）
10正＝不（五）、方（面）
11和和＝啝啝（南）
12必＝不（明）（会）（玄）（景）（古）（洞）（面）
13重＝如（智）（洞）（面）
14离＝離（智）（高）（明）（会）（玄）（南）（古）（洞）（面）

如荎草味　如金剛杵
正中妙挾[15]　敲唱雙[16]擧
通宗通塗[17]　挾帶挾[18]路
錯然則[19]吉　不可犯忤[20]
天眞而妙　不屬迷悟
因縁時節　寂然[21]昭著
細入無間　大絶方所
毫忽之差　不應律呂
今有頓漸　縁立宗趣
宗趣分矣　即是規矩
宗[22]通趣極　眞常流注
外寂中搖　係[23]駒伏鼠
先聖悲之　爲法檀度

15 挾＝叶(高)(景)(面)
16 雙＝準(玄)
17 塗＝途(高)(明)(景)(古)(洞)
18 挾＝叶(面)
19 則＝而(玄)
20 忤＋「同塵相下」(智)
21 然＝黙(智)
22 宗通＝通宗(明)
23 係＝繫(高)(明)(南)(面)、擊(古)

随其顛倒　以緇爲素
顛倒想滅　肯心自許
要合古轍　請觀[24]前古
佛道垂成　十劫[25]觀樹
如虎之缺　如馬之馵
以有下劣　寶几[26]珍御
以有驚異[27]　黧[28]奴白牯
羿以巧力　射中百歩
箭鋒相直[29]　巧力何預[30]
木人方歌　石兒[31]起舞
非情識到　寧容思慮
臣奉於君　子順於父
不順非[32]孝　不奉非輔

24 觀＝覰(南)
25 劫＝刧(古)
26 几＝机(面)
27 異＝畏(面)
28 黧＝狸(高)(明)(会)(玄)(景)(南)(洞)(面)
29 直＝値(景)(古)(洞)(面)、拄(南)
30 預＝喩(玄)
31 兒＝女(高)(明)(会)(景)(古)(洞)(面)
32 非＝不(玄)

潜行密用　如愚若[33]魯
但能相續　名主中主

33若＝如㊀玄㊀景㊀南㊀洞

三、諸本の系統

右に示した『宝鏡三昧』一二本の対校によってどんなことが判明するのでしょうか。まず、右の対校によるかぎり、『宝鏡三昧』の全三七六文字は、少なくとも底本とは三三文字の異同のあることが知られます。今、底本の問題はさておくとして、まず対校諸本に見られる異同に基づく特徴について言及しましょう。諸本はそれぞれ略号を用います。

㊀智は㊀底の収録書と同じ覚範の作品でありながら、㊀底とは七文字の異同があるのは驚きです。なるほど、8「半正↓正半」や21「然↓黙」などの違いは写本過程での誤記でしょうが、20「忤」の次に「同塵相下」の四字一句を置き、その注として「楞伽経曰如楔出楔本欲其離語然必仮語也」の一八字を付しているのは何とも理解に苦しむところ。だいたい右の四句を加えると九四句↓九五句にし、本書全体の形態もリズムも壊してしまうのみならず、内容的にも連携しないからであります。別の注記などが伝写の間に混入をしたのでしょうか。

㊄は㊦との異同が、わずかに10の一文字のみ。しかも、いずれも誤写の類と見られますから、㊄は㊦とほぼ全同のテキストであるといえます。

㊩は㊦との異同は八文字です。そして、それらはみな後代の㊥㊖㊝などの比較的通行したテキストと等しいのです。つまり、㊩は通行本の祖本となっていることを示唆します。

㊥は㊦と異なる文字は一一。㊩と共通する文字が多い反面、四文字は不一致です。また、22「宗通→通宗」は本テキストのみに見られる差違です。

㊝は㊦と七文字の異同。その七文字は㊥とのみ全同です。ですから、この二本は密接な関係にあると断ぜられます。時代的には㊝→㊥でありましょう。

㊛は異同一一ヶ所です。そのうち本書に独特のものは七ヶ所。特に3「其善→善自」や㊦の「則」を他の文字としているものが注目されます。しかし、その中には誤字も見られ、本テキスト原本成立の複雑性から推して、安易に貸借関係を指摘することはできません。

㊓は異同九ヶ所。うち独自なものが三ヶ所で、特に11「和和→啝啝」と29「直→拄」が注目されます。なお、本書撰者の南英は後記によると、我家伝本の『宝鏡三昧』は『人天眼目』とは異同僅かに一、二であるが㊛とは大差があると述べています。してみると、右の対校から推して、南英の見た『人天眼目』は㊄ではなく㊩であったのかも知れません。

(景)は(底)との異同一〇文字です。うち六文字は(高)とのみ一致しています。思えば、(景)も(高)も半島の刊行です！　すると、恐らく(高)→(景)という関係にあるのでしょう。なお、(景)が本書のタイトルに「歌」の字を付しているのは、本書の偈頌性格からして妥当とみてよいでしょう。

(古)は異同九文字。うち誤写と見られる三文字を別とすれば、他は(景)とのみ一致します。ゆえに(景)→(古)の貸借関係なのでしょうか。

(洞)は一二文字の異同があります。そのうち一〇文字は(景)とのみ一致しています。特にタイトルの「歌」が一致していることは重要です。まず(景)が底本とみてよいでしょう。

(面)の異同文字は一五ヶ所と諸本中最大です。そのうち独自なものは四字あり、(明)(洞)と共通するものが七字です。面山は本テキスト『宝鏡三昧吹唱』附録の「歌論」で、(底)はじめ諸本が本書の題名に「歌」を欠くことの誤り、(景)は「歌」を付けている妥当性などを力説しています。面山は博学であり、おそらく(明)以下の諸本をくまなく見ていると思われますから、(面)のテキストは、何本かによる改訂であるのかも知れません。

　およそ、面山が閲したとみられる先行本で注目すべき本といえば、卍山道白撰述の『宝鏡三昧書紳稿[7]』と指月慧印撰述の『宝鏡三昧不能語』の両書です。とりわけ前者は『宝鏡三昧』を収める一二種のテキストを対校し、善本作成につとめているのです。ただし、最古のものは(智)であって㊦への関説はありません。したがって、卍山の仕事は多とすべきでありますが、惜しむらくは本文の定本化には問題があるのです。また、指月のテキストには独自の文字が多いのが特徴です。それらは、たとえば「畳而成三　変尽為五」のように独自に改訂をほどこしているとみられ、これまた問題です。その他、古くは連山交易の『註』(8)もありますが、思想的研究ではともかく、テキスト研究の上からはとるべきものはありません。

ところで現在、曹洞宗で通用されている『曹洞宗日課諸経要集』(昭和四五年、曹洞宗宗務庁)の所収本は、いうまでもなく最大の影響力をもっています。しかし、これは訓読文のため、その漢文底本は未詳でして、対校も不能です。ただし、「宜しく能く保護すべし」の原文「宜能」の文字は前掲の対校本には皆無であって、むしろ指月の『不能語』中の文字のみが一致していま す。また、「寂然として照著す」の原文であるべき「照著」とするテキストは寡聞にして知られず、筆者の見たテキストはみな「昭著」です。これは意味上からも熟語的にも「昭著」であるべきですから、通行本の誤記でしょうか。そうであれば、当然改めるにしかずでありましょう。

以上、対校本をはじめとして、約二〇本ほどの諸本対校について考察しました。諸本の間にはおおむねではありますが、㊦→㊄、㊣→㊊㊎㊌、㊎→㊊、㊌→㊤㊆などの、親子ないし貸借関係が推定されます。だがしかし、これらの諸関係を確定するためには、さらに精細な論証が必要でありましょう。

さいごに、(底)は唐代原本のすがたをどれほど伝えているのかを、難解ながら考えておきます。まず、全体の音韻はこれでよいです。次に12「終必得物」は大半の諸本が「終不得物」と正反対の意味となっています。ですから、ここは元来(智)の指摘する通り、涅槃経嬰児経品の句を踏まえるのですから、経の原義からは(底)のほうがよいでしょう。また、31「石児起舞」の「児」も、(智)智以外はみな「女」です。ところが、唐代には「石女」の用例が見出せず、のちの北宋期に芙蓉道楷の言句である「石女夜生児」[9]が有名になることから推して、「石児」のほうが古型ではないだろうかと考えます。こんな僅かな用例ではありますが、結論的に、(底)はオリジナルな型にかなり近いと考えられます。

【註】

(1)「『参同契』の性格と原文」（『宗学研究』第二三号、昭和五五年三月）。

(2) 唐代偈頌についての同時代テキストといえば、目下敦煌文書を措いてない。その文献と研究成果の参考書は、田中良昭・程正『敦煌禅宗文献分類目録』（大東出版社、二〇一四年一二月）Ⅳ「偈頌類」に一四種があげられている（二六一〜三一〇）。また、それらのまとまった研究成果には、篠原寿雄・田中良昭編「講座敦煌」8『禅宗仏典と禅』（大東出版社、昭和五五年一一月）Ⅳ「禅僧の偈頌」に多く収録されている。なお、筆者は敦煌禅宗文献中、後代の刊本文献と対比可能な一三種についての考察を行なったことがある（鈴木哲雄編『宋代禅宗の社会的影響』〈山喜房佛書林、平成一四年一一月〉所収「唐代禅籍の宋代刊行について」）が、当該の偈頌は六種にすぎない。

（3）柳田聖山編「禅の文化　資料篇」『禅林僧宝伝訳注（一）』（京都大学人文科学研究所、昭和六三年三月）には、このテキストの詳細な訳注および解説を収載している（一五六〜一七〇）。

（4）拙稿「『人天眼目』の諸本」（『宗学研究』第二〇号、昭和五三年三月）、および「高麗版『人天眼目』とその資料」（『駒澤大学仏教学部研究紀要』第四四号、昭和六一年三月）、をご参照ください。

（5）拙稿「朝鮮版『景徳伝燈録』について」を参照。

（6）南英謙宗はこの後記中で『宝鏡三昧』のテキストについて、雲外雲岫の『玄義』本は通行本と大異があること、『人天眼目』所収本とはほぼ等しいこと、などを指摘している。

（7）『書紳稿』は「続曹洞宗全書」注解二、『不能語』は「曹洞宗全書」注解三、にそれぞれ所収されている。

（8）詳しくは『参同契宝鏡三昧註』で貞享三年（一六八六）刊行本。連山の『管見録』巻一に含まれている。

（9）典拠は『嘉泰普燈録』巻三の芙蓉道楷条で、「上堂。良久曰、青山常運歩、石女夜生児。便下座。」（Z七九、三〇九c）と見える。

あとがき

拙寺参禅会の発足四五周年は、すでに二年前の平成二八年のことでした。その時の記念行事五件の一つとして、老衲の『参同契・宝鏡三昧』の旧稿出版が企画されました。それも、有縁の方々に贈呈したいという会の意向であります。有難いかぎりですから受諾はしましたものの、身辺の多忙にくわえて、昔の拙稿では分量が僅少なのでどうすべきかの思案三昧のまま、いたずらに歳月のみ経過してしまい、恥じ入るばかりであります。

ようやく昨年、意を決して、漢詩と禅門偈頌に関する一文と、『参・宝』についての古い拙論を前後に加えれば二倍の量になると思い立ち、これも他の業務の合間に稿を草し、また一年を経て成ったのがこの小著であります。気長にお待ちいただいた会員の皆様には二年もおくれてしまい、お詫びの言葉もございません。

旧稿旧論の初出を示しますと、左記の通りです。

◇「やさしく読む参同契」第一回～第四回……『大法輪』平成二一年四月一日号～同七月一日号

◇「やさしく読む宝鏡三昧」第一回～第五回……『大法輪』平成二〇年二月一日号～同六月一日号
◇「『参同契』の性格と原文」……『宗学研究』第二三号、昭和五六年三月
◇「『宝鏡三昧』の諸本」……『曹洞宗総合研究センター学術大会紀要』第一一回、平成二二年六月

右のように、元をただせばそれぞれ執筆の意図も時も異なり、「漢詩と禅門偈頌」だけが新稿ですから、所詮寄せ集めの雑文集をつくったにすぎません。それでも、およばずながら統一を企るべく、旧稿類はみな大巾に補筆をくわえてやさしくし、口語体にしました。

こうした一連の業務が滞りなく遂行できましたのは、拙寺参禅会会員の旧参でおられます五十嵐嗣郎様（大法秀嗣居士、駒澤大学大学院博士課程満期退学）と清水秀男様（真龍秀道居士）の

龍泉院坐禅堂

両氏による事務方面の多大な労力と、会の最古参で代表者の小畑節朗様（黙山宏照居士）による温情あふれるご尽力あってのことであります。特に小畑様には過分の「はしがき」を頂戴しました上、各方面への小著贈呈等に関しては有難きご高配を賜わりました。このようなご支援ご尽力なくして小著は成らなかったことを思い、ここに満腔の感謝を捧げるものであります。

それにもかかわらず、この小著は大変内容の貧しくお恥ずかしいものであり、『参・宝』を著された石頭さまと洞山さま、両お祖師さまのお徳を損じていることを、最も恐れております。それでもなお、この小著をご笑覧される方々に、もし何らかの得るところがあるとすれば、筆者のよろこびはこれに過ぎるものはありません。

さいごになりましたが、昔『大法輪』誌上に連載した際に、大変お世話をいただきました編集部の藤原敦氏（現、福羽敦生師）と、今回お世話くだされた大法輪閣編集部の小山弘利氏にもこころより篤く御礼を申しあげます。

平成三十年七月

龍泉院住職　椎名　宏雄　九拝

椎名　宏雄（しいな・こうゆう）

1934年、東京都生まれ。駒澤大学大学院博士課程満期退学。
現在、曹洞宗龍泉院住職。
柏市文化財保護委員会会長、その他。

著書に『宋元版禅籍の研究』（大東出版社、1993年）
『禅学典籍叢刊』14冊（共編、臨川書店、1999～2001年）
『洞山』（臨川書店、2010年）
『五山版中国禅籍叢刊』13冊（編・解題、臨川書店、2012～2018年）、
その他。
論文約190編。

〈本書は椎名老師が執筆された『大法輪』平成20年2月号から6月号までに掲載された「やさしく読む『宝鏡三昧』」と、平成21年4月号から7月号までに掲載された「やさしく読む『参同契』」に、老師が加筆・増補されたものです。（編集部）〉

やさしく読む
参同契《さんどうかい》・宝鏡三昧《ほうきょうざんまい》

2018年9日10日　初版　発行
2019年1日23日　第2版　第1刷発行

著　者　椎　名　宏　雄
編　集　龍　泉　院　参　禅　会
発行人　石　原　大　道
印刷所　三協美術印刷株式会社
製本所　東　京　美　術　紙　工
発行所　有限会社　大　法　輪　閣
東京都渋谷区東2-5-36　大泉ビル2F
TEL　(03)　5466-1401（代表）
振替　00160-9-487196番

ISBN978-4-8046-8212-9　C0015　　Printed in Japan